Twitter, Trucs et astuces pour le maîtriser

Andreas Ramos

Adapté en français
par Philippe Antunes

andreas.com

À propos de ce livre

Twitter, Trucs et astuces pour le maîtriser (#TwitterBook) a été publié en octobre 2013, actualisé en octobre 2014, puis à nouveau en mars 2019, et traduit en français en juin 2019.

Allez sur andreas.com/book-twitterbook.html

À propos de l'auteur

Andreas a écrit 14 livres sur le marketing digital et le référencement (SEO). Il enseigne le marketing digital à l'INSEEC San Francisco, à l'AcademyX et à l'Université de Science et Technologie de Californie (CSTU). Andreas a travaillé pour SGI, SUN et plus de 25 startups de la Silicon Valley. Il a été global SEO manager chez Sisco, en charge du référencement mondial. Il a co-fondé deux agences de marketing digital et fait partie du comité consultatif de neuf startups. Il vit à Palo Alto avec sa femme et son chat.

Retrouvez-le sur andreas.com ou sur Twitter : @andreas_ramos

Adaptation française

« Twitter, Trucs et astuces pour le maîtriser » a été adapté en français par Philippe Antunes @antunes_philipp.

Rédacteur technique

#TwitterBook 2019 a été révisé par Monte Clark @monteclark qui a corrigé pas mal d'erreurs et trouvé bien souvent de meilleurs outils.

Remerciements

Un grand merci aux lieutenants Chris Hsiung (Police de Palo Alto) et Zach Perron (Police de Mountain View), ainsi qu'à Anaximander Katzenjammer (chat de bureau) pour leurs précieuses suggestions. Couverture conçue par Ginger Namgostar.

Marques déposées

Dédicace

À Ron Morris, Marianne Vila-Irissou et les étudiants de l'INSEEC

Table des matières

Table des matières

Pourquoi écrire ce livre

Durant l'été 2013, le *New Yorker* a publié un article sur Steubenville, une petite ville des Appalaches. Là-bas le taux d'emploi n'est pas élevé, le niveau de scolarité est faible et il n'y a pas grand-chose à faire. L'article mentionnait à un moment comment les habitants de cette ville, notamment les lycéens, les mères de famille, les enseignants, les blogueurs, les policiers et les avocats utilisaient Twitter et YouTube. J'ai réalisé que les habitants des Appalaches savaient mieux se servir des réseaux sociaux que nous dans la Silicon Valley.

J'ai commencé à discuter avec des amis de la Silicon Valley : des ingénieurs, des pros du marketing, des directeurs, des fondateurs, des investisseurs et d'autres. Ils n'ont eu de cesse de me répéter la même chose : « Je ne comprends rien à Twitter ».

- Le chef d'une entreprise de social média avec des millions de dollars de financement en capital-risque m'a confié qu'il ne comprenait rien à Twitter.
- Un expert en marketing qui a envoyé plusieurs milliers de tweets à ses 40000 abonnés pendant plus de 4 ans m'a dit "J'utilise Twitter car tout le monde le fait, mais je n'y comprends rien".
- Le Chief Marketing Officer d'une entreprise mondiale m'a demandé, "Qu'est-ce que c'est ce Twitter ? Mes enfants n'arrêtent pas d'en parler".

Voici la meilleure anecdote. Au milieu de 2008, j'ai pris la parole lors d'une conférence à UC Berkeley. Le conférencier après moi était Biz Stone, l'un des fondateurs de Twitter. Quelqu'un lui demanda pourquoi son entreprise devait l'utiliser. Il haussa les épaules et répondit "je ne sais pas vraiment ». Même Twitter n'y captait rien.

Je me suis inscrit sur Twitter quelques jours plus tard pour savoir de quoi il parlait. J'admets qu'il m'a fallu un moment avant de réussir à m'en servir.

Alors que j'écrivais ce livre, j'ai discuté avec beaucoup de personnes et observé des centaines de comptes Twitter de personnes dans le marketing, des ingénieurs, des enfants, des rappeurs et même des mamans. J'ai regardé les comptes de gens aux États-Unis, au Mexique, en Colombie, au Brésil, au Danemark, en Suède, en Norvège, en Finlande, en France, en Allemagne et dans d'autres pays. J'en suis arrivé au point où je peux dire d'un seul regard s'ils y connaissent quelque chose ou non. Après avoir lu ce livre, vous pourrez en faire de même.

En quoi ce livre est-il différent ?

Presque tous les FAQ, blogs, ou livres sur Twitter ont été écrits par des gens dans le marketing qui veulent que vous soyez leur client. Ils ne vous diront donc rien de négatif à propos de Twitter ou des réseaux sociaux.

Je n'ai rien à vous vendre. Vraiment. Je veux seulement vous montrer comment Twitter fonctionne afin que vous puissiez l'utiliser pour vous-même et votre entreprise.

Comment est-ce que Twitter a commencé ?

Début 2006, une petite équipe d'ingénieurs travaillait pour une startup à San Francisco. Après avoir réfléchi sur plusieurs idées, ils ont développé un outil de messagerie. Ce dernier pris son envol lors de South by Southwest (un genre d'évènement pour les startups).

Twitter connu ensuite huit années d'interminables négociations de financement, d'échauffourées en interne, de manque d'innovation et plusieurs fondateurs ont été virés. Certains fondateurs ne s'adressent même plus la parole. *Hatching Twitter* par Nick Bilton (2013) décrit l'histoire épouvantable qu'a été la création de l'entreprise.

La différence entre Facebook et Twitter

La plupart des gens connaissent Facebook alors comparons les deux :

- Facebook c'est comme une fête dans votre jardin. Vous invitez 100 amis et membres de votre famille. Quand vous parlez, personne ne peut vous entendre mis à part ceux autour de vous, ni la fête entière, ni votre quartier, ni même la ville. Sur Facebook, vous ne pouvez pas publier un message qui sera vu par deux milliards de personnes. Quand vous postez quelque chose pour vos amis sur Facebook, votre message n'est montré qu'à 15% d'entre eux.

- Twitter c'est comme la révolution française. Tout le monde s'agite dans le chaos le plus total. Chaque publication part dans tous les sens : la famille, les ennemis, les manifestants, le gouvernement, l'armée, les journalistes et le reste du monde.

Alors Twitter c'est quoi exactement ?

Qu'est-ce que Twitter? Pourquoi les gens l'utilisent ? Quel est le pouvoir de Twitter ?

Twitter c'est du micro-blogging pour appareils mobiles. Un tweet peut être vu par tout le monde. Vous pouvez voir ce que tout le monde dit. Vous pouvez suivre n'importe quel sujet. Vous pouvez contacter n'importe qui.

Et les autres Réseaux Sociaux ?

Je dirige le marketing digital pour une entreprise mondiale qui vaut un milliard. Le web analytics me montre le trafic web de 61 réseaux sociaux. Lequel est le meilleur ?

Faites votre propre analyse pour voir quel site vous apporte les meilleurs résultats. N'en n'utilisez pas un seulement parce que c'est celui que vous connaissez, que c'est populaire, ou que quelqu'un l'a recommandé.

Les différentes utilisations de Twitter

Les gens utilisent Twitter de plusieurs façons:

- **Les célébrités** diffusent à leurs followers
- **Le marketing** fait la promotion de produits et services
- **Les journalistes** suivent l'info, trouvent leurs sources, font leurs recherches et trouvent des personnes à interviewer
- **Les gens découvrent** des entreprises, des produits et des services
- **Des offres d'emploi** sont publiées sur Twitter et les demandeurs d'emploi les consultent
- **Des sujets** sont étudiés par des individus
- **Des chercheurs en** STEM (science, technologie, ingénierie, médecine) et d'autres domaines académiques, notamment des professeurs et des étudiants de troisième cycle, utilisent Twitter pour partager leurs recherches, discuter et rester à jour.

Si vous êtes une célébrité ou un marketeur, contactez Twitter sur dev.twitter.com. Ils ont toutes sortes d'équipes pour vous aider. Vous pouvez également essayer Twitter Publicités.

Pourquoi un oiseau?

Figure 1: Larry Bird, le logo de Twitter. Les gars qui ont eu l'idée de Twitter trouvaient que les messages courts étaient comme des pépiements c'est pour cela que ça s'appelle Twitter (pépiement, gazouillement en anglais) et tweets (gazouillis). Le nom de l'oiseau Twitter est Larry Bird (Larry l'oiseau), il a sûrement été nommé ainsi en hommage à un joueur de basketball des années 80. Twitter a payé 15$ à Simon Oxley, un designer graphique britannique, pour le logo. C'est également lui qui a créé Octocat, le logo de GitHub.

En résumé

Twitter est un endroit dédié à la discussion à échelle planétaire, où il vous est possible de contacter qui vous voulez. Aucune autre plateforme de réseau social ne le permet.

Chapitre 1: Configurer Twitter

Dans ce chapitre je vais traiter brièvement des bases de Twitter. Ce sera rapide car Twitter est facile à configurer.

Si vous avez déjà configuré Twitter, survolez ou sautez ce chapitre.

Configurez votre compte Twitter

Il y a plusieurs paramètres que vous pouvez modifier sur votre compte :

- **Modifiez votre identifiant** : Un des trucs sympas est que vous pouvez changer votre identifiant quand vous le souhaitez. Si vous étiez @JCleBGdu59 au lycée mais que vous êtes maintenant avocat dans le 16e, vous pouvez changer votre identifiant en @MeJeanCharles_Laborie.

- **Ajoutez une courte biographie** : Il y a de la place pour une courte description sous votre photo. On peut tomber dessus en utilisant des moteurs de recherche. Utilisez donc des mots clés et des hashtags, ainsi que votre ville et votre URL.

- **Changez votre photo** : Votre photo en dit long sur vous. Si votre compte vous sert dans le cadre de votre travail, utilisez votre logo ou un portrait professionnel. Si vous utilisez Twitter à des fins personnelles, utilisez une photo informelle. Vous pouvez également prendre un selfie, une photo de votre chien, de vos fesses ou de ce qui vous chante. Cela dépend de comment vous souhaitez que les autres vous perçoivent. Pour de meilleurs résultats, utilisez une photo en 73x73.

- **Changez la photo de profil et la photo de bannière** : Vous pouvez également changer de photo d'arrière-plan. Il y en a deux différentes : celle derrière votre photo de profil et celle derrière vos tweets. Allez sur ma page Twitter. Vous voyez le livre en haut ? C'est ma photo d'arrière-plan. Pour la changer, allez sur votre page Twitter. Cliquez sur votre photo à gauche. À droite, il y a un bouton « Éditer le profil » qui apparait. Vous pouvez ainsi changer la bannière (l'arrière-plan) et la photo de profil. Pour faire une photo d'arrière-plan recherchez "comment changer arrière-plan sur Twitter". Il y a pleins de tutoriels pour vous aider. Pourquoi faire cela ? Un compte avec un arrière-plan professionnel a un meilleur rendu.

- **Faîtes le ménage dans votre passé** : Si vous êtes en quête d'un emploi ou d'un rendez-vous amoureux, vous devriez peut-être faire le ménage dans vos tweets. Pour le meilleur ou pour le pire, vos employeurs, vos petites-amies, ou autres, pourraient réveiller les fantômes de votre passé. Beaucoup d'entreprises utilisent des logiciels qui récoltent toutes vos publications sur les réseaux. Vous feriez mieux de supprimer les tweets embarrassants ou qui ne sont pas pertinents.

Davantage d'infos sur la courte biographie

Je vous en dis plus sur la courte description de votre profil. Sous votre photo, il vous est possible d'ajouter une courte description. Pendant des années le truc à la mode était d'utiliser cela comme un mini CV en plus de quelque chose de personnel comme « Aime la bouffe italienne et les bébés chiens ».

Mais compte tenu du fait que certaines personnes utilisent des outils tels que FollowerWonk pour trouver des contacts sur Twitter, vous feriez mieux de rédiger votre profil de façon à ce que l'on puisse vous trouver.

- Vous avez 280 caractères (espaces inclus)
- Décrivez en trois ou quatre mots (et des hashtags) ce que vous faites et où vous travaillez

- Ajoutez votre ville ainsi que votre site internet ou votre blog
- Assurez-vous que vous apparaissez sur FollowerWonk, Twellow et TwtrLand. Allez sur ces sites et inscrivez votre profil.

Voici ma bio sur Twitter : Auteur de 14 livres sur le SEO #SEO (dont 5 n°1 des ventes sur Amazon) | Professeur de Digital Marketing à INSEEC SF & CSTU | Conseiller en Startup | Universität Heidelberg

Utilisez votre identifiant Twitter

Faites que les gens puissent entrer en contact avec vous facilement. Incluez votre identifiant Twitter dans votre signature email, site internet, profil Facebook, présentations PowerPoint, cartes de visite, etc.

Plus d'options de paramètres

Il y a plusieurs options possibles dans vos paramètres Twitter :

- Connectez votre compte Twitter sur votre mobile. Allez dans Paramètres | Mobile et ajoutez votre téléphone. Activez les Messages Privés. Afin d'éviter les messages intempestifs à 3 heures du matin, activez la Mise en Veille.
- Si vous souhaitez être alerté lorsque quelqu'un vous envoie un Message Privé (MP), activez les notifications de Message Privé sur votre mobile. Allez dans Paramètres | Mobile, entrez votre numéro de téléphone et sélectionnez « Messages Privés ».
- Vous pouvez autoriser n'importe qui à vous contacter (ou bien bloquer cette option). Activez cela dans Paramètres | Confidentialité et Sécurité. Cochez « Messages Privés ».

- Beaucoup d'applications vont vous demander l'autorisation d'accéder à votre compte Twitter. Certaines voleront même vos informations personnelles. Alors de temps en temps je supprime toutes celles que je n'utilise pas. Allez dans Paramètres | Applications et appareils et cliquez sur Révoquer l'accès.

Il y a encore plus de paramètres. Explorez-les et trouvez ceux qui vous sont utiles.

Mettre Twitter en privé

Tout ce que vous postez sur Twitter peut être vu par toute la planète. Pour garder vos publications confidentielles, mettez votre compte en privé.

Les groupes privés peuvent être utiles pour le travail en équipe, pour jouer à des jeux de rôle, pour étudier, pour les amis, la famille, etc.

Pour mettre votre compte en privé cliquez sur Paramètres | Confidentialité et Sécurité | Protégez vos Tweets. Si quelqu'un souhaite s'abonnez à vous, il fait la demande et vous pouvez approuver ou rejeter.

Environ 8% des comptes sont privés.

Créer plusieurs comptes

Facebook veut que vous n'ayez qu'un seul compte mais Twitter n'a aucun problème avec le fait que vous en ayez plusieurs. Il y a plusieurs bonnes raisons de le faire:

- Dans une entreprise, chaque employé peut avoir son compte ainsi qu'un compte pour la boite, pour chaque division, pour chaque produit, etc. Une équipe peut partager les identifiants et mots de passe des comptes de l'entreprise afin de pouvoir y publier.
- Les comptes publics et les comptes personnels. Les ados utilisent un compte public pour les parents et un compte privé pour leurs amis.

Il y a aussi des mauvaises raisons de le faire :

- Les gens créent de fausses conversations. Ils partagent quelque chose, puis utilisent d'autres comptes pour soutenir ou attaquer leurs propres dires. À chaque fois que vous voyez quelqu'un s'exprimer sur un sujet controversé, comme demander la paix dans le monde, vingt personnes vont l'attaquer. Ceux-ci pourraient bien être une seule et même personne. Il s'agit de "faux abonnés/followers" ou "faux comptes".
- Soyez vigilants sur les comptes de magazines en ligne et les forums. Les groupes politiques et les gouvernements utilisent souvent de faux abonnés pour attaquer les gens. Beaucoup de publications virulentes postées sur des magazines progressifs, pacifistes ou libéraux, sont fausses. Si vous soumettez l'idée qu'il n'est pas très sympa de bombarder des bébés baleines, 500 personnes vont vous attaquer sans relâche. Il s'agit des faux abonnés d'une compagnie pétrolière. Ces comptes ont des photos, des bios, des tweets et des followers. Tout est faux.
- Beaucoup d'agences de publicité et de marketing créent également de faux comptes dans le but de montrer à leurs clients à quel point le produit est apprécié du public.

Les comptes certifiés

Il y a aussi les Comptes Certifiés. Un petit badge bleu s'affiche à côté du nom, cela signifie qu'il s'agit du vrai compte de la personne. Allez par exemple voir @Greenpeace.

Faites attention lorsque vous suivez votre célébrité préférée. Il existe des douzaines de faux comptes pour chacune d'entre elles et certains sont très convaincants. Recherchez le compte certifié.

Twitter met cela en place pour les personnes dans le domaine de la musique, du cinéma, de la mode, de la politique, de la religion, du journalisme, des médias, des affaires etc. Ils certifient également certaines entreprises. Si vous avez beaucoup de followers, il est probable que Twitter vous contacte.

Récupérer un identifiant

Beaucoup de comptes sont créés puis abandonnés. Si vous voulez un identifiant Twitter mais que celui-ci appartient à quelqu'un d'autre, jetez un œil à leurs tweets. Si l'utilisateur n'a pas tweeté depuis 6 mois il est très probable que son compte soit abandonné.

Twitter ne voit aucune raison de préserver des comptes inactifs. Si vous êtes en mesure d'expliquer pourquoi cet identifiant devrait vous appartenir, il se peut qu'il vous soit cédé. J'ai fait cette démarche plusieurs fois pour des clients.

Si votre nom est une marque déposée (Samsung par exemple) mais que quelqu'un l'utilise, contactez Twitter. Donnez-leur la preuve de votre marque déposée et le compte vous sera cédé.

Impossible d'accéder à votre Compte ?

Le compte Twitter de l'entreprise a été créé par un stagiaire qui est maintenant parti en randonnée au Népal et vous ne connaissez pas le mot de passe ?

Si vous êtes en mesure de prouver qui vous êtes, Twitter changera le mot de passe. J'ai fait cela plusieurs fois pour des clients, mais la démarche n'est pas simple. Il m'a fallu des mois pour récupérer le compte d'une compagnie aérienne. Ne laissez pas les stagiaires créer les comptes.

Ajouter un fil d'actualité Twitter à votre page web

Vous pouvez ajouter une petite fenêtre avec votre fil d'actualité Twitter sur votre site web (ou votre blog). Ceci permet de montrer vos tweets ou ceux qui concernent un sujet spécifique. C'est facile à faire, il vous suffit de copier et coller quelques lignes de code pour intégrer un widget Twitter.

Allez sur https://publish.twitter.com/# et suivez les instructions.

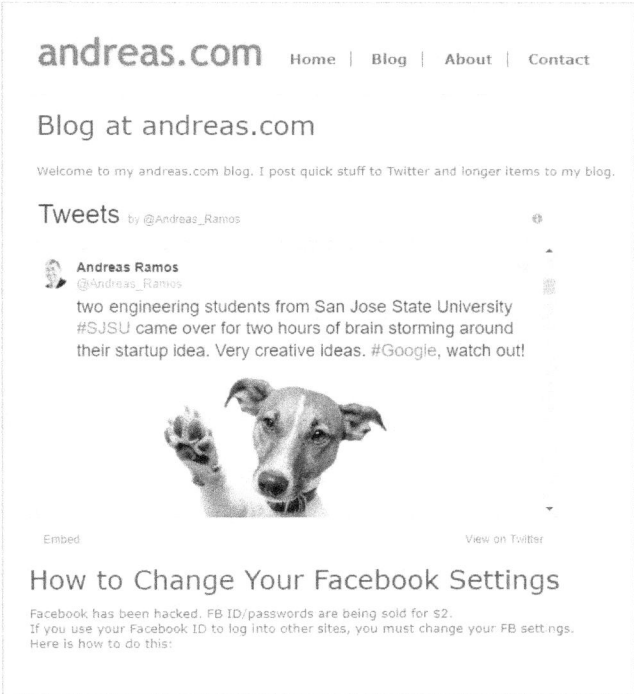

Figure 2 : J'ai ajouté un fil Twitter sur la partie blog de mon site. Pour ajouter un fil Twitter à votre page web ou blog, rien de plus simple. Il vous suffit de copier/coller quelques lignes de code.

Comment utiliser plusieurs comptes Twitter

Vous pouvez avoir plusieurs comptes : un compte personnel, un pour les affaires, etc. Chaque produit, division ou département de votre entreprise peut avoir un compte.

Il est très facile de passer d'un compte à l'autre:

- Sur Android, cliquez sur votre photo en haut à gauche de la page. Cliquez sur la petite flèche qui descend vers le bas. Vous pouvez créer un nouveau compte ou bien passer à un autre compte.
- Sur Apple, allez sur votre profil. Cliquez sur les trois petits points. Vous pouvez créer un autre compte ou bien passer à un autre.

Cela fonctionne seulement sur l'interface mobile de Twitter, non pas sur l'ordinateur.

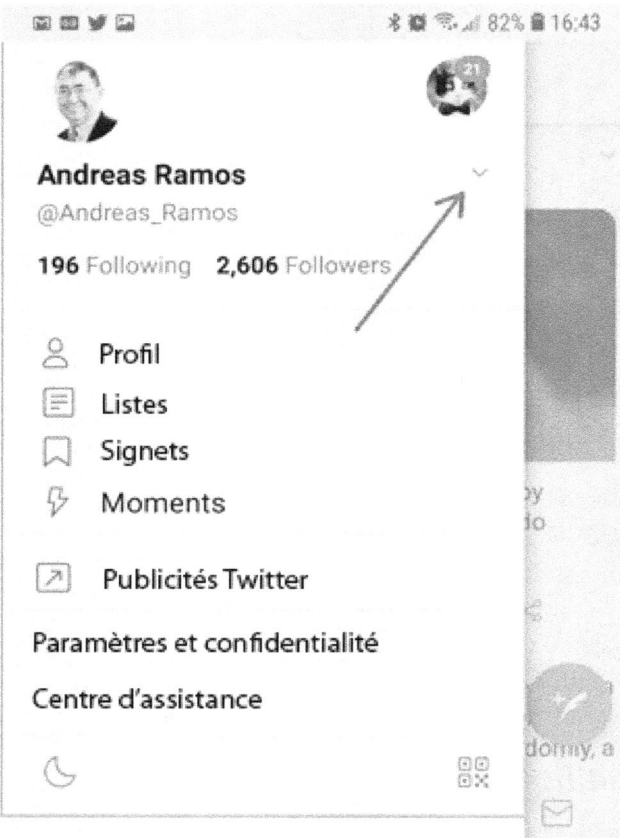

Figure 3: Sur Android, cliquez sur la petite flèche qui descend vers le bas.

Mais à qui appartient votre compte ?

À qui appartient votre compte ? Si votre stagiaire parvient à atteindre les 300 000 followers, que se passe-t-il après son départ ? Si vous avez dépensé beaucoup d'argent à le/la rendre populaire et qu'il/elle part, il y a des grandes chances que les followers le/la suivent. C'est ce qu'il se passe avec beaucoup de personnes dans le monde des réseaux sociaux.

Utilisez le nom de votre entreprise comme identifiant Twitter et soyez bien clair sur le fait que le compte appartient à la boite auprès de vos employés. Utilisez une adresse mail de l'entreprise pour accéder au compte de sorte que vous puissiez le récupérer et changer de mot de passe.

Conclusion

Vous avez vu ? Quand les autres bouquins utilisent des centaines de pages juste pour parler de la configuration, moi je le fais en trois pages. Entrons maintenant dans le vif du sujet : les followers et les hashtags.

Chapitre 2: Les Followers (Abonnés)

Observons les abonnés/followers sur Twitter.

Et les followers alors?

Le succès se mesure aux statistiques. Quand vous avez beaucoup de bouchons de bouteille en votre possession vous devenez en quelque sorte le roi des bouchons de bouteille de votre quartier, et bien évidemment cela vous pousse à en récupérer où que vous alliez.

Sur Twitter, c'est pareil. Twitter vous montre combien de personnes vous suivent ce qui provoque une chasse au statistiques. Il est normal de vouloir des followers. C'est triste de tweeter si personne n'écoute et c'est cool de voir le nombre de ses abonnés augmenter.

Et il n'y a aucun problème pour la plupart des gens. Cependant, deux groupes vont beaucoup trop loin : les célébrités et les compteurs obsessionnels. Le poids d'une célébrité se mesure au nombre de ses fans. 10 millions de fans ont plus de poids que 4 millions. Les magazines people adorent ces listes.

Les compteurs obsessionnels ont 500 fans, bien loin du statut de "célébrité", et ils feraient n'importe quoi pour en avoir plus.

Les célébrités, les stars de cinéma, les musiciens, les politiciens et autres ont des faux abonnés (fake followers). Par exemple, une star d'Hollywood a 20 millions de followers sur son compte Twitter. En y regardant de plus près, on peut se demander s'ils sont vrais ou faux. Vous pouvez utiliser StatusPeople.com pour découvrir que 5 millions de ses followers sont en réalité des fake

(25%). 5 autres millions sont des comptes inactifs. Seulement 10 millions (50%) sont de vrais comptes.

Mais sont-ils vraiment vrais ? Les meilleures entreprises de bot parviennent à créer des fake followers avec des profils complets et tout un historique de commentaires. Les comportements en ligne de milliers d'usagers sont reproduits afin que les bots agissent comme de vrais individus. Combien de comptes appartiennent à de vraies personnes sur les 10 millions ? Impossible à dire.

Si un compte a des fake followers, cela ne veut pas dire qu'ils ont été achetés par le/la propriétaire du compte. Il est possible d'acheter des fake followers pour n'importe quel compte.

Des outils tels que Manageflitter permettent de supprimer les abonnés qui sont des fake ou bien sont inactifs. Toutefois, Twitter a supprimé leur adresse API début 2019.

Vous n'êtes pas obligé d'en avoir 100 000. Vous pouvez très bien avoir deux followers (votre maman et votre chat) parce qu'en utilisant bien les hashtags, les gens peuvent trouver vos publications. C'est le contenu qui compte, pas le nombre de followers.

Comment trouver des personnes à suivre

Suivez les personnes les plus haut placées dans votre domaine de compétences. Ils parlent de ce qu'ils font.

- Utilisez les hashtags pour trouver les discussions que vous souhaitez suivre
- Utilisez d'autres outils afin de trouver les personnes clés dans un domaine. Dans la plupart des domaines cela ne pose pas de problèmes car les gens ne grossissent pas leur chiffre. Cependant, s'il s'agit de célébrités, de gens dans le monde du sport, de la politique, du cinéma, de la télévision, du marketing, de la publicité ou de la vente, il est fort probable qu'ils utilisent des astuces pour augmenter le nombre de leurs followers.

Voici quelques outils que j'utilise pour trouver des personnes à suivre :

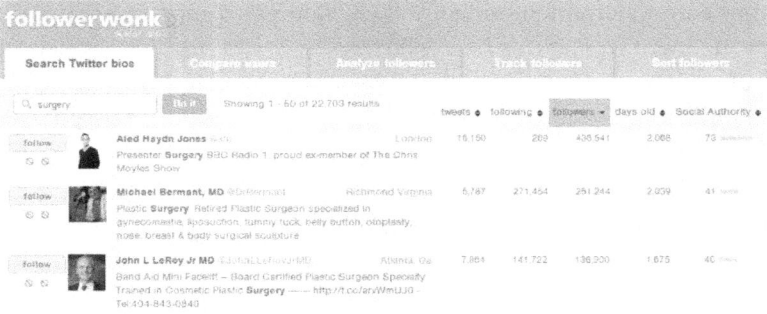

Figure 4: **FollowerWonk** vous permet de trouver des personnes et de les trier par le nombre de tweets, qui les suit, combien de comptes ils suivent et leur autorité sociale (un score). Mais une fois de plus, soyez vigilant, il est très facile de truquer les chiffres.

Si vous utilisez un bon outil, n'hésitez pas à me le dire.

Qui suivre

Recherchez les publications pertinentes de personnes qui utilisent Twitter pour discuter avec d'autres. Vous voulez trouver des personnes qui engagent la conversation, pas des personnes qui ne font que diffuser. Trois critères pour trouver de vrais experts :

- Les références : Ils possèdent des diplômes de prestigieuses institutions avec un strict processus de sélection. Un diplôme du MIT par exemple.
- L'expertise : Ce sont des experts aguerris dans leurs domaines et reconnus par d'autres experts. Ils sont cités par d'autres experts dans des publications.
- Expérience : Ils possèdent une experience conséquente (10 ans ou plus) dans leur domaine.

Recherchez des experts techniques de premier plan, des professeurs d'université ou des chercheurs dans votre domaine. Vous pouvez également rechercher les auteurs des livres les plus pointus dans votre domaine. Regardez s'ils sont sur Twitter et s'ils tiennent une liste à jour (un chapitre de ce livre est dédié aux Listes Twitter).

Cela ne veut pas dire que les experts sont tous diplômés de Stanford ou MIT. De nombreux domaines ne peuvent être définis par une université. Tony Hawk est par exemple l'expert Mondial du skateboard, Stéphanie Gilmore est une surfeuse de calibre Mondial, et Serena Williams est une experte en tennis. Pour les domaines qui ne sont pas académiques, recherchez des auteurs qui ont été publiés par des éditeurs ou des magazines réputés.

Il y a toutefois beaucoup de confusion qui vient en majeure partie des influenceurs. Ces gens utilisent Twitter pour gonfler leur image. Malheureusement, les réseaux sociaux permettent à des fanfarons, des clowns et des extrémistes de tous bords d'avoir un impact significatif. Plus ils sont dans la provocation, plus ils obtiennent de followers. Pourtant ils sont loin d'être des experts.

Comment obtenir de faux followers

Il y a plusieurs façons d'avoir des followers :

- Achetez des followers. Payez 10$ pour 1000 followers. Recherchez *acheter abonnés Twitter* sur un moteur de recherche. Beaucoup d'entreprises, de stars du cinéma, de politiciens utilisent cela pour avoir 3 000 000 de followers (vous pouvez avoir un prix de gros à partir de 100 000). Vous pouvez faire cela pour Facebook, Instagram, Youtube et n'importe quel autre réseau social.

- Créez des followers. Les entreprises vont créer de faux comptes que vous pouvez contrôler. Le directeur d'une entreprise mondiale de marketing m'a dit qu'ils avaient une armée de compte zombies qu'ils utilisent pour ajouter de faux likes, des faux followers et des commentaires à leurs clients. Les clients sont satisfaits quand ils voient 300 000 followers acclamer un produit bidon. (Beaucoup de personnes m'ont demandé des informations sur cette soit-disant entreprise de marketing mondiale. Sur les conseils d'un avocat (pour de vrai), je ne suis pas autorisé à dire les noms car ils pourraient intenter une action en justice, bien que cela soit vrai.)

Une autre façon d'obtenir des Followers

Il y a une autre façon. Pas mal de monde s'abonnera à vous si vous vous abonnez à eux.

- Suivez 300 personnes le lundi. Prenez-les au hasard. Allez sur la page de quelqu'un (surtout quelqu'un avec beaucoup de followers) et regardez leur liste de followers. Cliquez à tout va et ajoutez des gens au pif.
- Environ 150 (50%) vous suivront en retour
- Le mardi, recommencez avec 300 autres. Vous obtiendrez 150 followers
- Continuez à le faire. Vous pouvez obtenir 150 followers de plus par jour. Après 30 jours, vous aurez 4 500 followers.
- Continuez et vous pouvez aisément arriver à 20 ou 30 000 followers.

Comme je vous l'ai dit, ça marche. Je le sais parce que je l'ai testé pour vous, cher lecteur.

Figure 5: Mon chat a créé un compte Twitter avec une photo, une bio, et deux tweets sur Lady Gaga. Tous les jours mon chat s'est abonné à 100 personnes. Quand il a atteint les 1 000 personnes, 552 l'avaient suivi en retour. Vous pouvez faire ça pour obtenir 4 500-5 000 followers en quelques semaines.

- Recherchez #followback sur Twitter pour trouver des gens qui s'abonneront à vous si vous les suivez. 70% ou plus vous suivront.
- N'ajoutez pas plus de 300-400 personnes par jour, Twitter n'aime pas le « following » agressif. Ils mettront votre compte en pause ou le supprimeront.

Vous n'êtes pas obligés de suivre des gens au hasard. Utilisez FollowerWonk ou quelque chose de similaire pour trouver des gens qui ont beaucoup de followers dans votre domaine. Allez sur leur compte et regardez Abopnnements/Abonnés. Quand vous tombez sur des profils qui ont l'air bien, suivez-les. Suivez-en 100 tous les jours. Certaines personnes font ça et 20% s'abonnent à eux en retour. Des outils tels que ManageFlitter vous permettent de supprimer ceux qui ne s'abonnent pas à vous.

#FF Follow Friday

#FF est le raccourci de *Follow Friday*, Une tradition de Twitter. Le vendredi, des gens vont poster pleins de tweets avec les noms de personnes à suivre. Ils écrivent "Hey, voici des gens que vous devriez suivre." Par exemple : #FF @monteclark @rachelstone @JoJo @Miffy @catherine @Ilya

C'est pareil que #Caturday, quand les gens publient des photos de chats sur Twitter. Enfin bref…

Quel est le but des faux abonnés ?

Plusieurs bonnes raisons d'utiliser de faux abonnés.

- Un ami qui est journaliste pour un grand journal national m'a appelé un jour. Son éditeur a vu qu'il n'avait que 300 followers et lui a dit « Bob, ça craint ». Il a une femme, deux enfants et une maison, il était terrifié à l'idée de se faire virer. Je lui ai expliqué comment acheter des fake followers. Les autres journalistes avaient tous 10 000 followers, il en a donc acheté assez pour être à leur niveau.

- C'est la même chose pour des amis qui travaillent dans les médias sociaux en entreprise : s'ils ne parviennent pas à faire grimper les chiffres, on les remplace. C'est pour cette raison qu'ils achètent des followers.
- Sur votre profil Twitter, on vous recommande plusieurs personnes à suivre. Pourquoi vous les montre-t'on ? Parce qu'ils ont beaucoup d'abonnés. Si vous avez seulement deux abonnés, on ne risque pas de vous recommander aux autres et vous n'obtiendrez pas d'abonnés supplémentaires. Si vous en avez 900 ou plus, on vous recommandera. Plus vous en aurez, plus on vous recommandera et vous en aurez ainsi de plus en plus.
- Les célébrités doivent avoir l'air populaires donc leurs attachés de presse leur ajoutent quelques millions de followers. Les abonnés ont la satisfaction de suivre un leader.
- Bien souvent, les clients choisissent un produit en fonction de leurs statistiques sur les réseaux. Si votre produit a 300 abonnés et votre concurrent en a 10 000, cela risque de porter préjudice à vos ventes. Achetez suffisamment de followers pour être légèrement au dessus de vos concurrents.

Soyez vigilants. Lorsque vous achetez des abonnés, il est possible que vous ayez affaire à des hackers qui créent de faux comptes pour pirater les ordinateurs. Cela entraine de la fraude par carte de crédit, de la fraude bancaire et du chantage. Si vous achetez des fake followers, utilisez une carte qui n'est pas à votre nom.

C'est pour ces raisons que je pense que les outils statistiques des réseaux ne valent rien, ils peuvent facilement être faussés. Vous voulez un bon niveau de renommée sociale ? Pas de souci ! Sortez la carte bleue et devenez un héros local.

Comme vous le verrez dans le prochain chapitre sur les hashtags, le nombre d'abonnés n'est pas important. Ce ne sont pas les followers mais les discussions qui comptent.

Obtenir de vrais abonnés

Il existe une autre façon d'obtenir des abonnés :

- Pour voir qui de vos amis est sur Twitter, allez sur votre compte. Tout à droite, il y a un encart "Suggestions". Cliquez sur "Trouvez Vos Connaissances". Twitter vous montrera qui de vos amis a un compte Twitter. Abonnez-vous à eux. Demandez-leur de s'abonner à vous.
- Ajoutez votre @identifiant à la fin de vos emails, après votre formule de politesse, votre page de contact sur votre site web, ainsi que sur vos pages Facebook, LinkedIn etc.
- Écrivez des articles, des blogs, des newsletters et des livres étant susceptibles d'intéresser beaucoup de personnes.
- Participez à des conférences et ajoutez votre identifiant Twitter dans vos présentations.

Qu'est-ce que Twitter pense des faux abonnés ?

Un groupe de chercheurs est parvenu à trouver plusieurs millions de faux abonnés que Twitter a par la suite supprimé. Allez dans la partie *Ressources* pour plus d'informations.

Mais il en existe beaucoup d'autres. Twitter pourrait très facilement se débarrasser de tous ces comptes faux et inactifs mais cela reviendrait à baisser le nombre d'usagers de Twitter de 20 à 30%, et le cours de l'action va chuter. Donc Twitter ne fait rien.

Conclusion

Ce chapitre a couvert les bases des abonnements et des abonnés. Prêt à passer aux choses sérieuses ? Le chapitre suivant parle des tweets et des hashtags.

Chapitre 3 : Comment Tweeter

Sur Twitter, tout tourne autour des hashtags, pas des abonnés. Ce qui compte c'est de parler avec d'autres personnes, et ça se passe grâce aux hashtags. Voyons comment ils fonctionnent.

Une brêve histoire des #Hashtags

Les hashtags sont apparus pour la première fois à la fin des années 80 sur IRC (un groupe de tchat en ligne). Vingt ans plus tard en 2007, les gens ont commencé à les utiliser sur Twitter. Au début Twitter décida de les ignorer ("un peu trop technique"). Mais après quelques années, des millions de personnes les utilisaient, donc Twitter finit par les indexer en 2010. Ouais, Twitter a ignoré les hashtags pendant 3 ans. Vous voyez? Même Twitter n'y pigeait rien.

Au printemps 2013, 6 ans après que les hashtags aient débuté sur Twitter et 25 ans après qu'ils soient apparus sur IRC, Les équipes innovations de Facebook et Google les ont ré-inventés.

Ce ne fût pas la seule erreur de Twitter. Ils n'ont pas non plus inventé la fonction « Répondre » ou les retweets non plus. Ce sont les utilisateurs qui ont inventé cela. Pendant plusieurs années, les fondateurs de Twitter n'ont pas compris pourquoi quiconque voudrait faire ça. Ils ne se sont pas rendu compte (et certains ne s'en rendent toujours pas compte) que les gens utilisent Twitter pour engager des conversations.

Les #Hashtags c'est quoi?

Déja, on les appelle hash (dièse, le symbole # est appelé "hash" en anglais UK) tag (étiquette), pas pound tag ("pound key" est un autre nom donné à la touche dièse, particulièrement aux États-Unis). Les hashtags ne sont pas des choses techniques comme des liens ou des balises meta. Ce sont seulement des mots ordinaires avec un dièse (#) devant eux.

En mettant un dièse devant, on marque le mot. Un peu comme quand on souligne ou on met en gras pour signifier aux autres que le mot est important.

Twitter a fait en sorte que le hashtag soit cliquable. Lorsque vous voyez un hashtag vous cliquez dessus, et Twitter vous montre d'autres tweets avec ce hashtag. C'est exactement pareil que si vous le recherchiez. Vous verrez plusieurs publications avec ce hashtag, ce qui vous permet de suivre et de participer à la conversation.

Par exemple, si vous voulez voir ce qui se dit sur Miley Cyrus, recherchez #MyleyCyrus (Au fait, les majuscules ou les minuscules ne comptent pas donc vous pouvez utiliser #MileyCyrus, #myleycyrus, #MiLeYcYrUs, peu importe). Les hashtags s'écrivent en un seul mot, c'est #MileyCyrus, pas #Miley Cyrus.

Pour commencer, soyez sûrs d'utiliser le bon hashtag. Beaucoup d'entreprises ont essayé de créer leurs propres hashtags mais, pour on ne sait quelle raison, la communauté en a choisi un différent. Utilisez des outils pour hashtags afin de voir lesquels sont utilisés. Par exemple, vous pouvez constater qu'un hashtag a été utilisé vingt fois ces trente derniers jours alors qu'un autre aura été utilisé 35 000 fois.

Quand vous avez fait votre choix de hashtag, faites-en usage dans vos tweets. Mettez-le dans vos pages web, vos emails, vos newsletters, cartes de visite, publicités, t-shirts, spots TV et publicités digitales. Mettez-le dans votre Google Adwords, aussi bien dans la publicité écrite que sur les bannières. Utilisez-le sur Facebook, Instagram et sur les autres réseaux sociaux.

Qui est le propriétaire d'un #Hashtag ?

Il n'y a pas d'enregistrement ou de titre de propriété pour un hashtag, n'importe qui peut l'utiliser. Selon la loi américaine concernant le copyright, il n'y a pas de droit d'auteur sur un mot ou un titre. Vous pouvez déposer un hashtag mais il serait compliqué d'empêcher les autres de l'utiliser.

Twitter montre seulement les tweets récents. Personne ne regarde les tweets qui ont plus de quelques mois. Cela veut dire qu'un hashtag qui était utilisé il y a deux ans et a été abandonné peut être utilisé différemment aujourd'hui.

La meilleure façon d'avoir du contrôle sur votre hashtag est de l'enregistrer sur des sites de définition d'hashtag et l'utiliser régulièrement.

Hashtags, discussions, communautés

À leurs débuts, les réseaux sociaux tels que LinkedIn et Facebook ont été développés dans l'optique d'avoir des réseaux de petits groupes d'amis. Ceci était basé sur les thèses de chercheurs tels que Mark Granovetter, doyen du département de sociologie à Stanford : la communication sociale se passe au sein de petits groupes de personnes.

Mais Twitter permet à vos publications d'être vues par n'importe qui. Vraiment n'importe qui. Pour la plupart des gens c'est un foutoir plein de tweets au sujet de célébrités, pleins de bavardages insignifiants ou au sujet du repas du chien du voisin, et c'est pour cela que beaucoup de personnes y jettent un coup d'œil sans jamais y revenir. Beaucoup continuent à l'utiliser sans jamais vraiment comprendre ce qu'il s'y passe.

Pour résoudre ce casse-tête, les gens ont commencé à utiliser les hashtags. En recherchant les hashtags on peut voir les tweets qui concernent uniquement ce sujet.

- Vous voulez voir ce qu'il se passe à New York City ? Recherchez #NYCEvents. 227 tweets ces 30 derniers jours.
- Qu'est-ce qui a été dit sur les sushis à Seattle ? Recherchez #Seattle #Sushi. 35 ces 30 derniers jours.
- Vous vous demandez comment est la plage à Maui ? #beach #maui. 587 tweets ces 30 derniers jours, beaucoup contiennent des photos.
- Le tremblement de terre à Sichuan ? Obtenez des mises à jour en direct avec #earthquake #Sichuan.
- Que se passe-t'il à la conférence Oracle World ? Tapez #OracleWorld
- Le RER D est-il en retard ? #RERD_SNCF pour les dernières infos.
- Quoi de neuf pour Kim ? #KimKardashian
- Un emploi dans la vente à Paris ? cherchez #sales #job #Paris. 24 propositions ces 30 derniers jours.

Les partis politiques américains utilisent les hashtags de façon à ce que leurs conversations soient vues par leurs membres. Il y a #TCOT (Top Conservatives on Twitter), #TDOT (Top Democrats on Twitter), #CCOT (Conservative Christians on Twitter), etc. Ils restent en contact et communiquent les uns avec les autres à l'aide des hashtags.

Les partis politiques français ne sont pas en reste et commencent à utiliser massivement Twitter. Ils ont compris que l'utilisation des réseaux sociaux pourrait amener les jeunes à s'intéresser à la politique.

- #LREM (parti La République en Marche) : 128 tweets en 1 jour.
- #FranceInsoumise (parti La France Insoumise) : 182 tweets en 1 jour.
- #RNational_off (parti Rassemblement National): 154 tweets en 1 jour.
- #giletsjaunes (mouvement de contestation sociale) : 217 tweets en 1 jour.

Les hashtags vont et viennent. Certains sont utilisés longtemps. D'autres font des apparitions, font le buzz puis disparaissent en quelques jours. Faites le tour et voyez ceux qui sont utilisés.

Outils pour trouver des #Hashtags

Voici quelques outils utiles pour trouver des hashtags :

s

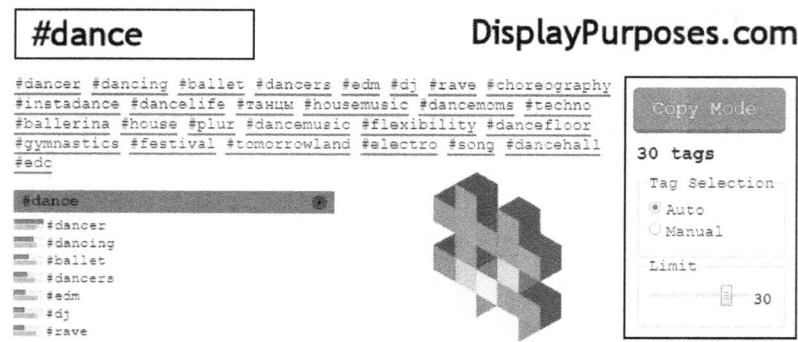

Figure 6: Sur DisplayPurposes.com, vous tapez un #hashtag et on vous montre une liste triée selon la fréquence d'usage des #hashtags en lien avec le vôtre. Vous pouvez facilement copier la liste pour l'ajouter à votre tweet.

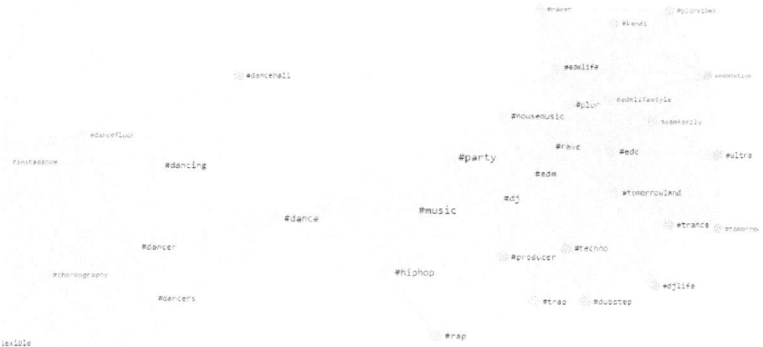

DisplayPurposes montre aussi les tweets sous forme de groupes thématiques. Ci-dessus, l'hashtag #dance est utilisé par deux groupes : le ballet et les raves party, faites donc attention à utiliser les bons #hashtags.

DisplayPurposes vous permet également de voir les tweets les plus populaires de n'importe quelle ville.

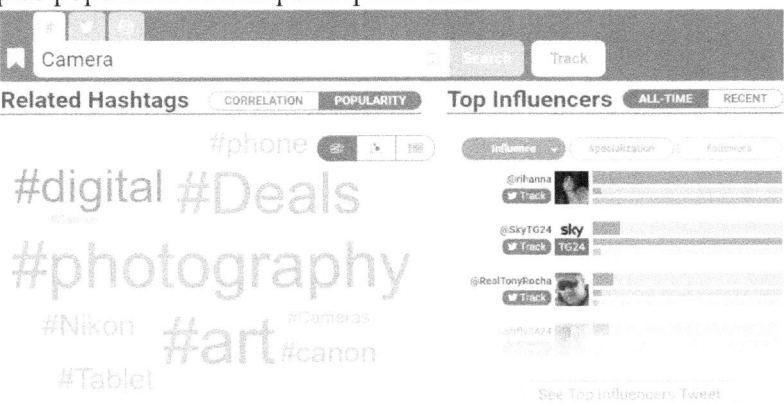

Figure 7: **RiteTag** montre les #hashtags, les personnes les plus influentes, leurs tweets et leurs opinions. Ils sont triés par leur pertinence ainsi que le nombre de leurs followers qui sont en lien avec la conversation.

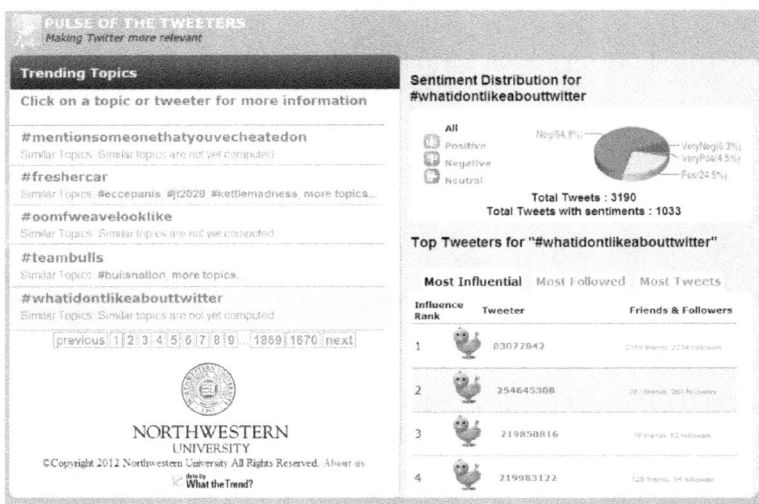

Figure 8: **PulseOfTheTweeters.com** montre les #hashtags, les influenceurs, leurs tweets, et leurs opinions. Ils sont triés par leur pertinence ainsi que le nombre de leurs followers qui sont en lien avec la conversation.

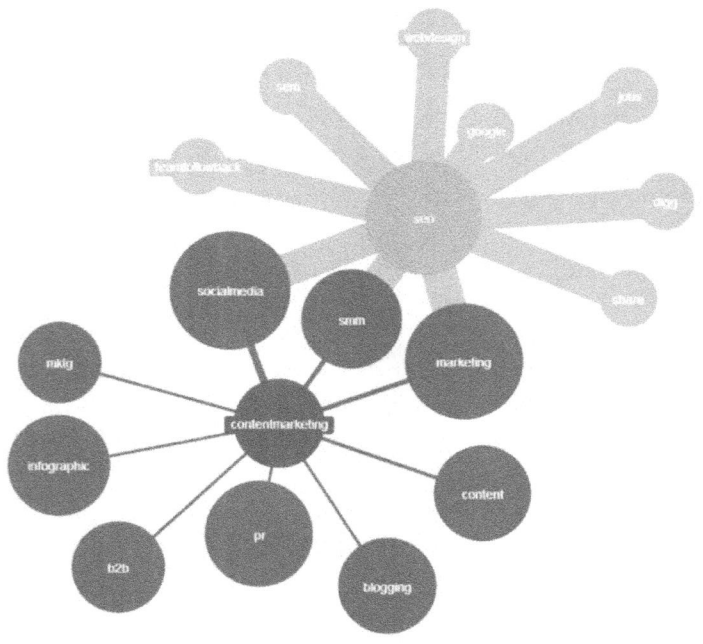

Figure 9: **Hashtagify.me** vous montre les #hashtags. Quels sont les meilleurs pour les hélicoptères ? #hélicoptère, #coptère, ou #oiseautournoyant ? Tapez #helicoptère et regardez les #hashtags liés. Vous verrez un mot que je n'ai pas inclus dans ma liste. La taille du cercle dépend de la popularité, l'épaisseur de la ligne dépend du trafic. Plus le cercle est près, plus il est pertinent.

Figure 10: **TrendsMap.com** Vous permet de voir les hashtags dans le monde entier, par ville, département et région. Ci-dessus, vous pouvez voir que les élections suscitent beaucoup d'intérêt en Norvège.

Si vous trouvez d'autres outils utiles, faites-le-moi savoir !

Quel outil utiliser pour #Hashtag ?

J'utilise les trois sites : DisplayPurposes.com, RiteTag.com, et Hashtagify.me. Ils donnent des résultats légèrement différents. Sélectionnez les meilleurs.

Tweeter oui, mais quoi?

Beaucoup d'experts de vos domaines sont sur Twitter, et vous pourrez en apprendre beaucoup plus. N'hésitez pas à poser des questions :

- Renseignez-vous sur des produits, des outils, des services.
- Demandez des informations sur des organisations, des conférences et des évènements.
- Demandez quels sont les meilleurs livres, sites, blog et autres ressources.

- Demandez conseil afin d'améliorer votre produit.
- Échangez des astuces, des idées, des observations, des découvertes.

Regardez leurs tweets pour voir quels hashtags ils utilisent.

Comment écrire des Tweets

Il ne s'agit pas de vous : Montrez à vos lecteurs ce que vous pouvez leur apprendre.

- Parlez avec vos propres mots, comme vous le feriez avec vos amis.
- Parlez de votre travail et de votre vie
- Faites plus que transmettre. Posez des questions. Faites des sondages.
- Publiez trois à cinq fois par jour

Utilisez du texte, des #Hashtags, des liens, des photos, des vidéos

Un tweet c'est bien plus que du texte.

- Utilisez un hashtag afin que les autres puissent trouver vos tweets
- Ajoutez des liens, des photos, des vidéos

Les études de suivi du regard (oculométrie) ont montré que les gens regardaient seulement les premiers mots pour voir si le contenu est intéressant. Placez vos idées principales au début. N'écrivez pas "si vous cherchez un bon restaurant de tacos pakistanais à Tokyo… », mais plutôt « #tacos #pakistanais à #Tokyo chez #Jimmy's #TacoPalace. »

Les Hashtags sur les autres réseaux sociaux

Facebook et Google ont ajouté les hashtags, mais peu les utilisent. Compte tenu du fait qu'en utilisant Facebook on ne publie pas pour ses deux milliards d'utilisateurs, ce n'est pas étonnant. Facebook est une garden-party privée où l'on ne publie que pour ses amis.

Instagram, Pinterest et les autres utilisent également les hashtags.

Utilisez les mêmes, les photos et les vidéos sur Twitter

Un même ou une photo génère de l'attention. Une vidéo encore plus.

Vous pouvez obtenir des photos libres de droit sur Pexels, PixaBay, Burst, Crello, DepositPhotos, Gratisography, Kaboom, PicJumbo, PikWizard, StockSnap.io, et Unsplash.

Utilisez les sondages sur Twitter

Faites voter votre public.

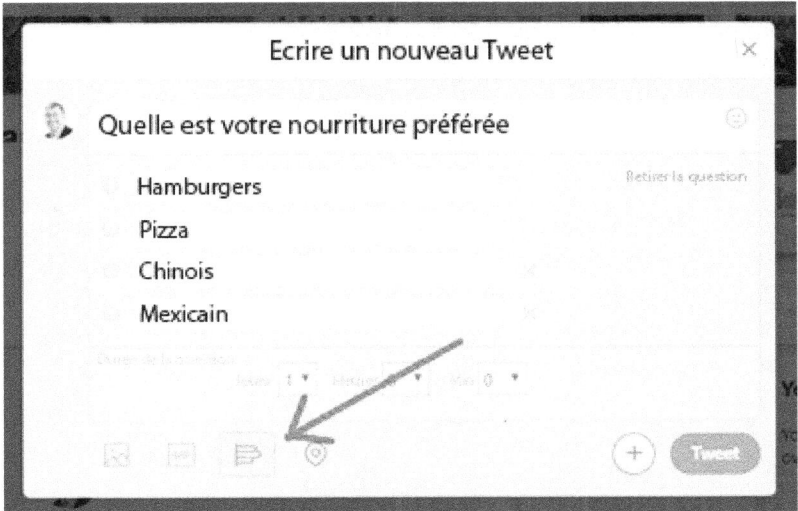

Figure 11: Utilisez les sondages pour interagir avec votre public. Posez-leur des questions sérieuses ou stupides. Pour faire cela,

écrivez une question. Cliquez sur le symbole « **question ajoutée** » tout en bas. Vous pouvez ensuite ajoutez différents choix à sélectionner. Vous pouvez également entrer une durée comme 24 ou 48 heures.

Épinglez un Tweet

Il vous est possible de laisser un tweet en permanence en haut de votre page. Ce sera le premier tweet que les gens liront lorsqu'ils visiteront votre page. Vous le changez quand vous voulez.

Figure 12: Épinglez un tweet en haut de votre page. Pour le faire, allez sur votre compte, sélectionnez un tweet, cliquez sur la petite flèche et sélectionnez « Épingler sur votre page de profil ». Vous pouvez également rédiger un tweet avec des informations, des liens, des hashtags et une de vos photos préférées comme tweet épinglé.

Utilisez le fil pour publier une série de Tweets

Parfois 280 caractères ne suffisent pas. Vous pouvez écrire jusqu'à 10 tweets d'affilée.

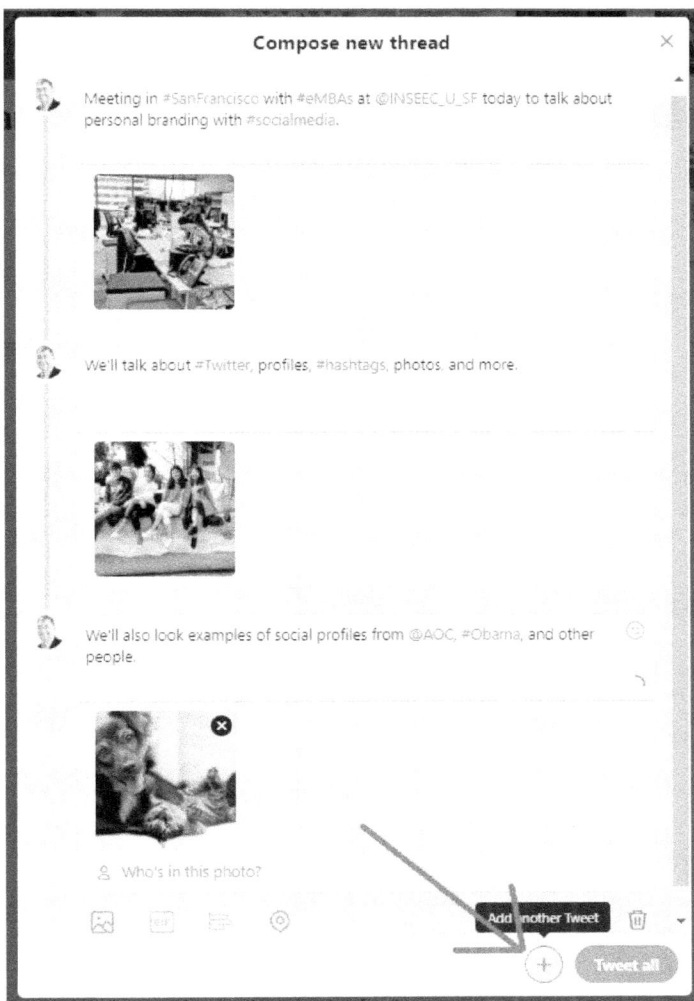

Figure 13: Utilisez le fil pour écrire plusieurs tweets d'affilée. Pour cela, commencez avec le premier tweet. En bas de celui-ci, cliquez sur le symbole plus. Écrivez le deuxième. Utilisez le symbole « plus » pour en ajouter. Vous pouvez également ajouter des photos et des sondages.

Si vous avez déjà rédigé un tweet, vous pouvez lui en ajouter d'autres.

Figure 14: Postez votre premier tweet. Vous pourrez lui en ajouter d'autres ultérieurement. Ouvrez le tweet. Tout en bas il y a « Ajouter un autre Tweet ». Cela vous permet d'ajouter un fil de tweets lors d'un évènement, d'une conférence, d'un cours, etc.

Twitter Moments

Twitter Moments est un autre moyen de présenter une série de tweets. Avec le fil vous montrez une série de vos propres tweets. Avec Moments vous recueillez une série de tweets d'autres personnes (votre équipe, l'audience. Ils peuvent provenir d'évènements, de conférences, de produits, etc, et vous les montrez à la suite.

Si votre Moment concerne la randonnée, les usagers qui lisent des tweets sur ce sujet ou bien suivent des randonneurs peuvent voir votre Moment dans leur liste de Moments.

Si le trafic sur votre Moment est important ou bien qu'il traite d'un sujet important, il se peut qu'il apparaisse sur la page

Moments de Twitter. La plupart des Moments sont rédigés par l'équipe de Twitter. Ils sont vu par près de 100 millions de personnes tous les mois, c'est plus que le New York Times, le Washington Post et CNN combinés. Pourquoi autant? Parce que c'est sur Twitter, et que les médias ne possèdent pas de plateforme de reseau social.

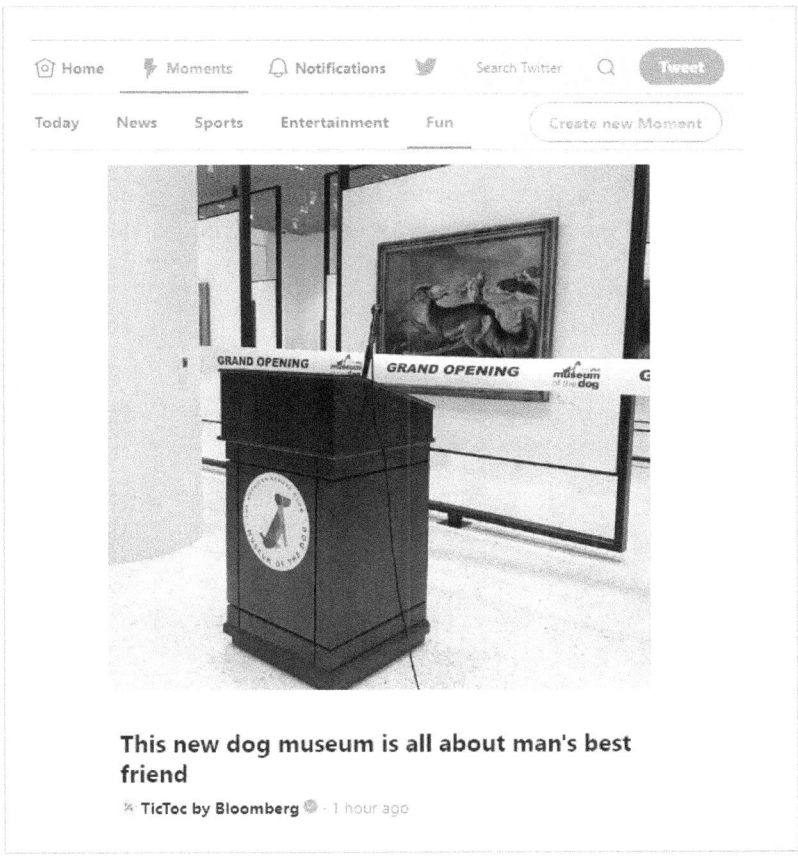

Figure 15: Utilisez Moments pour presenter un ensemble de tweets. Pour créer des Moments, utilisez Twitter sur l'ordinateur (pas sur mobile). Pour plus de détails sur comment créer des Moments, allez sur https://help.twitter.com/fr/using-twitter/how-to-create-a-twitter-moment

Astuces pour Tweeter

Engagez une équipe pour envoyer vos tweets. C'est comme cela que Miley Cyrus tweete toutes les 42 secondes toute la journée (et toute la nuit aussi). Les célébrités ont une équipe de deux ou trois personnes chargées de tweeter. Les entreprises emploient également plusieurs personnes dans ce but. Cisco possède plus d'une centaine de comptes Twitter.

Vous pouvez utiliser les outils de planification de HootSuite et TweetDeck pour écrire dix ou vingt tweets d'un coup et les envoyer tout au long de la semaine.

Hootsuite et TweetDeck bénéficient aussi d'outils de team management pour permettre à vos équipes de rédiger des tweets sous forme de brouillon et de vous les soumettre pour approbation et publication.

RT Retweets

Si une personne reposte vos tweets à ses followers, il s'agit d'un *retweet* (RT sous forme abrégée).

Vous pouvez également demander aux autres de retweeter votre message. À la fin de votre tweet, ajoutez « RT s'il vous plait » et les gens feront passer le message.

Les statistiques des retweets sont faciles à fausser. Achetez 10 000 faux comptes, postez un tweet et faites retweeter vos 10 000 zombies.

Observez vos concurrents

Trouvez entre trois et cinq personnes ou entreprises pertinentes. Par exemple, si vous voulez trouver des banques françaises sur Twitter, utilisez Google pour rechercher <site:twitter.com banque france>. Suivez-les. Examinez leurs pages. Faites un court résumé de chacune d'entre elles :

- Quel est leur objectif ?
- Quel est leur nombre de Likes/followers : Est-il bon, est-il mauvais, pourquoi ?
- La photo de bannière : Est-elle bonne ou mauvaise, pourquoi ?
- Les photos de profil : Sont-elles bonnes ou mauvaises, pourquoi ?
- Les publications : Sont-elles bonnes ou mauvaises, pourquoi ?
- Le ratio de publication : Texte, photo, vidéo
- À quelle fréquence publient-ils ?
- De quoi parlent-ils ?

Tweetchats

Un tweetchat est-une conversation en direct autour d'un sujet. Quelqu'un utilise un hashtag pour annoncer une discussion live à une heure précise (jeudi 9h, heure de Paris par exemple) sur un sujet donné. Tout le monde peut rejoindre à l'aide du hashtag. Il est possible de poser des questions et de commenter en l'utilisant.

Quand votre audience sur un certain sujet est suffisante, vous pouvez mettre en place un tweetchat. Il peut être hebdomadaire ou spontané.

Pour réussir à tenir un tweetchat de 30 minutes, peut-être pourriez-vous préparer cinq questions. Annoncez le début de l'évènement ainsi que la première question. Par exemple, « Q1 Que pensez-vous de ma dernière vidéo ? » et attendez que les gens vous répondent. Quand les choses se Calment, posez la deuxième question. Posez des questions afin que l'audience vous réponde. Vous pouvez répondre ou commenter leurs réponses.

Vous pouvez le faire même si vous n'avez que peu d'abonnés. Recherchez une discussion avec une audience active importante (disons 5000 tweets avec cet hashtag au cours des 30 derniers jours) et annoncez votre tweetchat.

Pour trouver des tweetchats : recherchez #tweetchat, demandez aux spécialistes ou bien allez surTweetChat.com où vous trouverez un calendrier de dizaines de chats. Dans la catégorie éducation par exemple, il y a #MDChat pour les docteurs (les mardis à 9 heures, heure de Paris).

Les stars qui s'ennuient à l'aéroport peuvent tout d'un coup décider d'annoncer à leurs deux millions de followers qu'ils ont une heure devant eux, et ce qu'ils aimeraient savoir. Les fans adorent cette proximité soudaine. Si vous gérez les tweets d'une star mais qu'il/elle est sur le toit en train d'essayer d'attraper son iguane de compagnie, annoncer qu'il/elle est disponible et tweetez à sa place.

Observez sur quoi quelqu'un d'autre aime Tweeter

Souhaitez-vous voir ce que quelqu'un tweete ? Créez un « word cloud » de leurs tweets afin de voir ce qui est important pour eux.

Figure 16: Utilisez un "word-cloud" pour avoir un œil sur ce qui intéresse quelqu'un. Voici un "word-cloud" de mes tweets. Comme vous pouvez le constater, j'écris sur Tweeter, les startups, la poésie, les livres, la publicité et Google.

Comment faire un bon Tweet-Cloud

Vous pouvez en faire un en quelques étapes :

- Allez sur une page Twitter
- Faites defiler les 6 derniers mois vers le bas, ou quelques centaines de tweets

- Utilisez Control+A pour tous les sélectionner et les copier
- Allez sur WordArt.com, cliquez sur Words, puis Import
- Les tweets deviennent un word-cloud

Cette fonctionnalité devrait être ajoutée à Twitter afin d'évaluer rapidement les tweets de quelqu'un.

Contacter des personnes avec @messages

Le fait que le réseau soit ouvert est l'un des trucs cools sur Twitter. Vous pouvez contacter qui vous voulez. Il vous suffit d'écrire un tweet et d'inclure leur @nom. Pour contacter Emmanuel Macron par exemple, rédigez un tweet et ajoutez @EmmanuelMacron. Son équipe le verra.

Il est ainsi plus facile de contacter des experts et des auteurs. Ajoutez leurs noms dans votre tweet, ils verront ainsi votre message et pourraient vous répondre.

La Différence entre @réponse et @mention

Il y a deux façons d'écrire un message avec un @nom. Soit d'une @réponse soit d'une @mention.

Imaginons que vous souhaitiez contacter Laura (et imaginons qu'elle utilise @Laura sur Twitter) :

- Si vous commencez un tweet avec @Laura, alors il s'agit d'une @réponse. C'est un message en partie privé qui ne sera vu que par vous, Laura, vos followers et les siens. Votre tweet ne sera pas accessible au reste du monde. Par exemple, "@laura Déjeuner à Seattle aujourd'hui, ça te dit ? »
- Si vous placez @Laura à l'intérieur du tweet, il s'agit d'une @mention. C'est un message public et tout le monde peut le voir. Par exemple, « Ça te dit qu'on déjeune ensemble à Seattle @laura ? »

- Vous pouvez mettre un point au début du tweet (juste avant @Laura) afin de transformer la @réponse en @mention, et ainsi rendre le tweet public. Par exemple, « .@laura Déjeuner à Seattle aujourd'hui, ça te dit ? » (notez bien, le point avant le @).

Voici une explication qui n'est pas technique. Vous dinez avec des amis. Quand vous dîtes « Laura, passe-moi la salade s'il te plait » vous parlez à Laura mais tout le monde vous entend. Mais quand vous dîtes « C'est Laura qui a fait la salade » vous vous adressez à tout le monde.

Envoyer un Message Privé (MP)

Vous pouvez également envoyer un tweet par message privé, mais cela dépend du destinataire.

- Si vous vous suivez tous les deux, vous pouvez envoyer des messages privés.
- Si la personne ne vous suit pas, elle recevra votre message si son compte est paramétré de sorte à recevoir des messages privés de personnes qu'elle ne suit pas
- Si elle ne vous suit pas et que son compte n'est pas paramétré pour recevoir des messages privés de tout le monde, elle ne recevra pas votre message

Comment suivre vos Tweets

Vous pouvez suivre vos tweets dans vos web analytics à l'aide d'URL de suivi et d'analyses. C'est un peu plus compliqué et j'ai déjà écrit sur le sujet dans *The Big Book of Content Marketing* (#BBoCM), je ne reviendrai donc pas sur le sujet.

Piratage des Hashtags

Une brève remarque sur le piratage des hashtags (hashtag hijacking) avant de clore ce chapitre. Certaines personnes utilisent les hashtags pour s'incruster dans des conversations qui n'ont strictement rien à voir.

Par exemple, des gens s'expriment sur #Greenpeace et les

#baleines. Quelqu'un veut vendre des pilules sans intérêt et postera donc une série de tweets en incluant #Greenpeace et #baleines et proposera les pilules. Il spamme la conversation des partisans de Greenpeace.

Malheureusement, beaucoup de vendeurs procèdent ainsi. S'il y a un hashtag qui génère beaucoup de trafic, ils essaieront de voir comment mettre en avant leurs produits. Les vendeurs et spammeurs utilisent les hashtags lors de catastrophes et évènements sportifs pour inonder la conversation de leur offre.

Ne procédez pas ainsi. Ça agace les gens et ils cliqueront sur le bouton spam ou vous signaleront. Twitter risque de fermer votre compte.

Masquez au lieu de bloquer

Certains se plaignent de tout et n'importe quoi. Ne les bloquez pas. Ça ne ferait que les énerver et ils attaqueront encore plus. Au lieu d'utiliser la fonction « bloquer », masquez-les. Vous ne verrez plus leurs publications sans pour autant qu'ils le sachent.

Figure 17: Utilisez Masquez pour vous débarrasser des détracteurs. Allez sur la publication de la personne, cliquez sur la petite flèche et sélectionnez « Masquer @nomducompte ».

Les tableaux de bord pour Twitter

Il est encore plus facile d'utiliser Twitter avec un tableau de bord. Il s'agit d'un ensemble de colonnes ou chacune sert à montrer les tweets sur un sujet. Une des colonnes montre les tweets que vous suivez. Plusieurs colonnes vous montrent les tweets qui comprennent un hashtag que vous suivez, comme votre entreprise, votre produit, etc. Une autre colonne peut montrer tous les tweets d'une seule et même personne. Les tableaux de bord facilitent l'utilisation des réseaux sociaux.

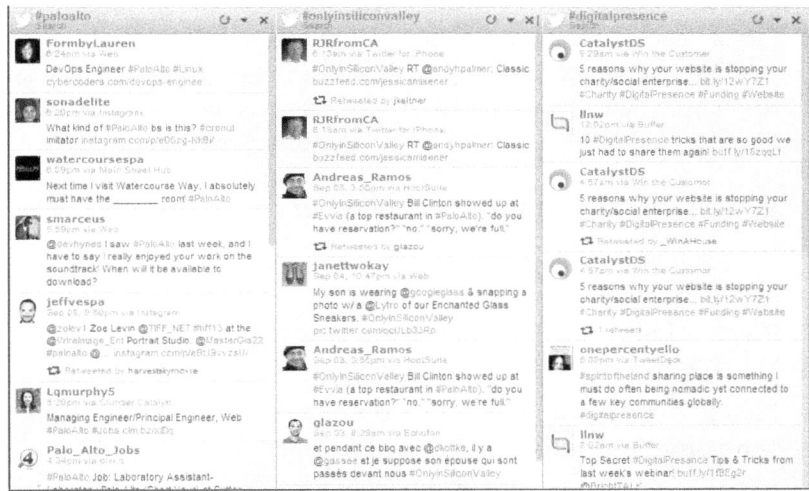

Figure 18: **Hootsuite** (www.hootsuite.com) me permet de suivre des hashtags. Il y a une colonne pour chaque hashtag, comme par exemple #PaloAlto et #OnlyInSiliconValley. J'en suis quelques-uns ainsi que des conférences et des évènements que j'ajoute ou j'enlève en fonction.

Vous pouvez mettre en place des colonnes pour votre entreprise, vos produits, vos services. Vous pouvez suivre des personnes, des sujets ou des listes. Vous pouvez suivre votre école, vos équipes sportives ou bien votre ville.

Les tableaux de bord vous permettent pas seulement d'envoyer des tweets mais aussi de programmer leur publication, de rechercher etc. Vous pouvez également gérer les tweets en équipe : quelqu'un écrit un tweet et vous l'envoie pour l'approuver. Ces tableaux de bord vous permettent d'ajouter des publications qui viennent de Facebook, LinkedIn et autres.

Si vous utilisez Twitter pour le travail, utiliser différents écrans pour observer les colonnes est une bonne idée. Vous pouvez paramétrer une alerte de notification pour attirer votre attention ou juste agacer vos collègues de travail.

Les tableaux de bord comprennent Tweetdeck (détenu par Twitter), Hootsuite, et d'autres. TweetDeck est très performant sur ordinateur mais il n'y a malheureusement pas de version mobile. L'application Hootsuite fonctionne très bien sur mobile.

Comment télécharger vos Tweets

Vous souhaitez voir tous les tweets que vous avez publié ? Ou bien vous voulez une copie, au cas où ? Vous pouvez obtenir une copie de tous vos tweets. Cela peut également vous servir à voir votre premier tweet pour savoir quand vous vous êtes inscrit.

Pour le faire : Allez sur votre page Twitter. Cliquez sur l'icône de votre profil en haut à droite. Dans le menu descendant, sélectionnez Paramètres et confidentialité puis tout en bas sur Demander votre archive.

Conclusion

Twitter, ce sont des sujets de discussion et des hashtags, pas des abonnés. Recherchez des sujets, des hashtags et prenez part à des conversations ou bien lisez-les.

Chapitre 4: les listes Twitter

Lorsqu'on trouve un groupe de personnes qui tweetent à propos d'un sujet, on peut créer une liste Twitter. Il s'agit d'une liste de ces personnes.

Si un sujet vous intéresse, vous avez la possibilité de trouver ses listes Twitter et en lire les tweets.

C'est à la collection que vous vous abonnez et pas aux gens. Ils ne sauront donc pas que vous les suivez.

Vous pouvez également créer votre propre liste, publique (pour la partager) ou privée (juste pour vous).

Dans ce chapitre vous verrez :

- Comment trouver des listes sur Twitter
- Comment lire des listes sur Twitter

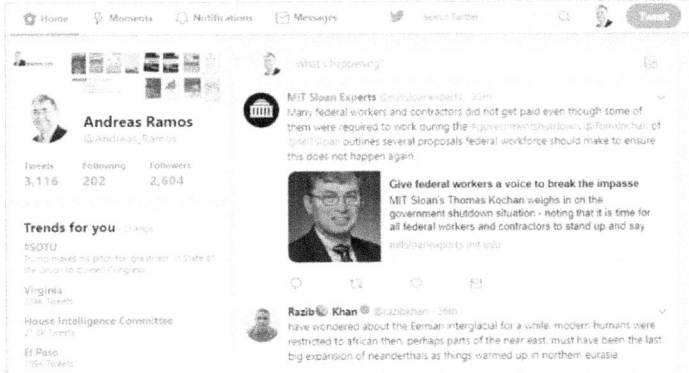

Figure 19: Sélectionnez un compte Twitter. Allez sur votre compte Twitter (J'ai cliqué sur mon compte @andreas_ramos) cliquez sur quelqu'un que vous suivez, comme par exemple @MITSloanExperts.

Figure 20: En haut de la pageMITSloanExperts, cliquez sur le lien pour les listes. Certaines personnes n'ont pas de listes (soit ils ne connaissent pas soit il s'en fichent).

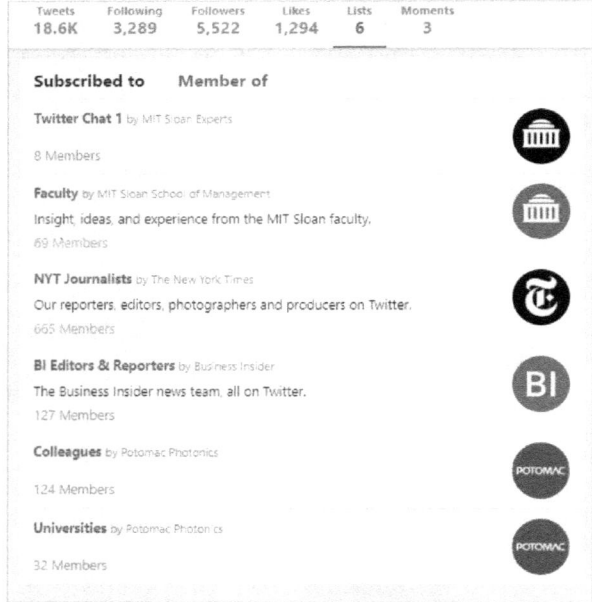

Figure 21: Vous pouvez ensuite voir les listes auxquelles @MITSloanExperts est abonné. Par exemple, la liste NYT Journalists comporte 665 membres. La liste Faculty est composée de professeurs au MIT (69 membres). Jetons un coup d'œil à cette liste. Ciquez sur Faculty.

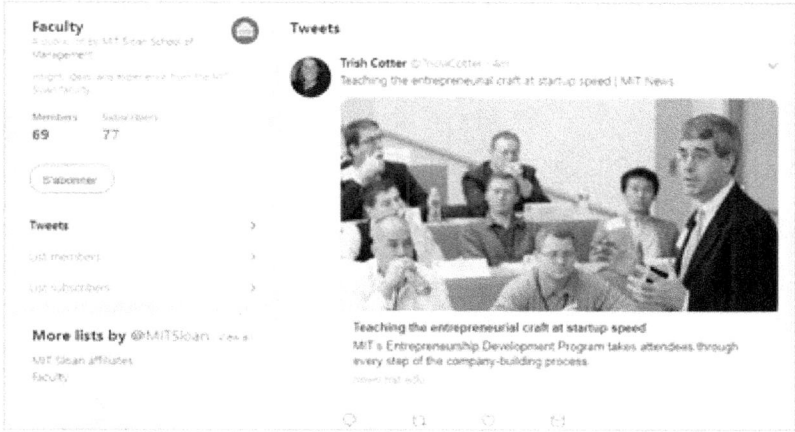

Figure 22: On constate quels membres publient dans cette liste. Si on l'aime, on peut s'y abonner en cliquant sur "S'abonner".

Figure 23: Pour voir vos listes, allez sur votre compte Twitter et cliquez sur le lien "Listes".

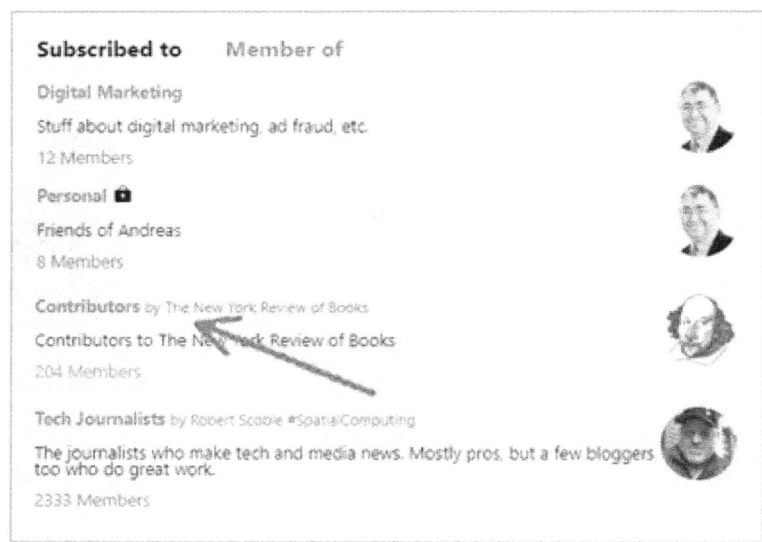

Figure 24: Il vous montre les listes auxquelles vous vous êtes abonné. Regardons la liste des contributeurs, cliquez sur "contributeurs".

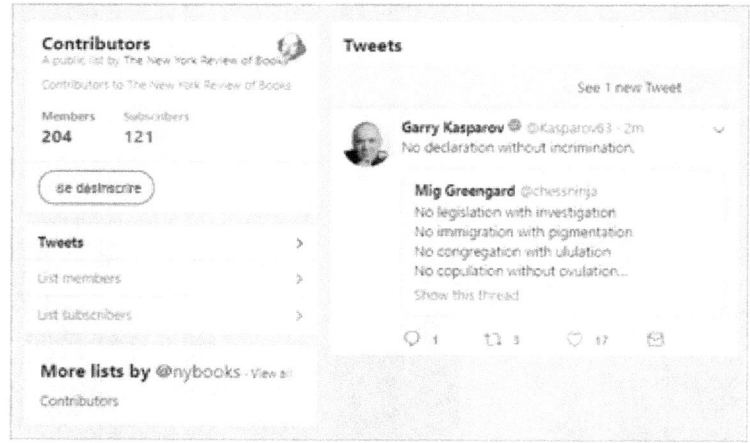

Figure 25: La liste apparaît et vous pouvez lire les publications récentes. Si la liste ne vous plait pas, cliquez sur « Se désinscrire ».

Astuce : En utilisant Hootsuite, il est plus facile de voir les listes auxquelles vous vous êtes abonné. Au lieu d'ajouter un compte Twitter, vous pouvez ajouter une liste à laquelle vous vous êtes abonné. Elle apparait sur votre écran Hootsuite. Faites juste défiler de chaque côté pour voir chaque liste.

Figure 26: Vérifiez si vous êtes membre d'une liste. Les gens peuvent ajouter votre compte à leurs listes. Cela veut dire qu'il se peut qu'il y ait des listes Twitter qui montrent vos tweets. Allez sur votre compte. Cliquez sur Listes. Dans la nouvelle boite de dialogue, cliquez sur « Membre de ».

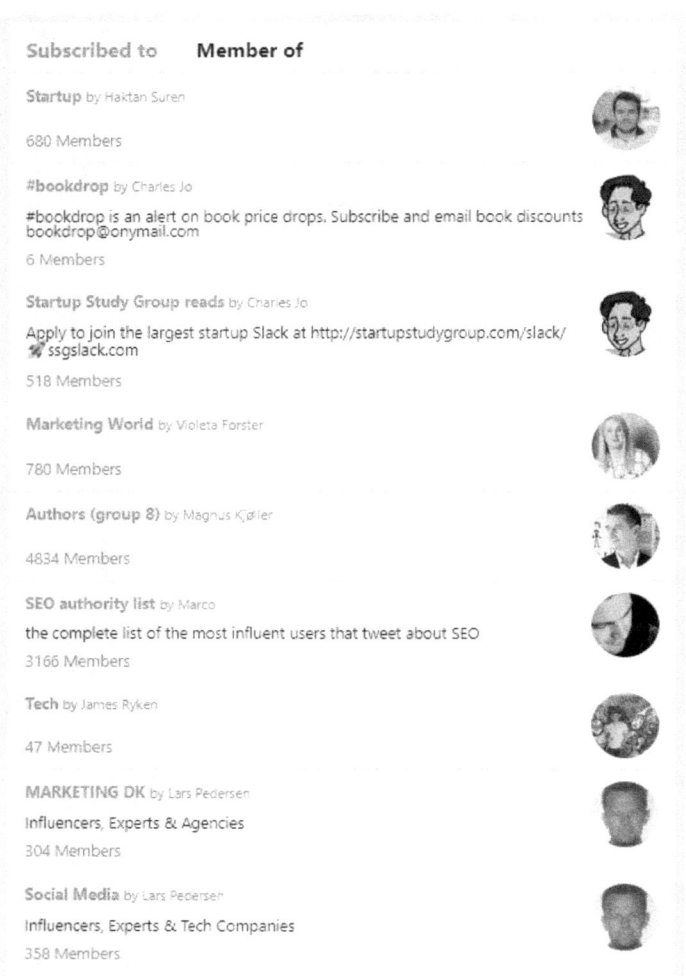

Subscribed to   **Member of**

Startup by Haktan Suren

680 Members

#bookdrop by Charles Jo

#bookdrop is an alert on book price drops. Subscribe and email book discounts
bookdrop@onymail.com

6 Members

Startup Study Group reads by Charles Jo

Apply to join the largest startup Slack at http://startupstudygroup.com/slack/
ssgslack.com

518 Members

Marketing World by Violeta Forster

780 Members

Authors (group 8) by Magnus Kjøler

4834 Members

SEO authority list by Marco

the complete list of the most influent users that tweet about SEO

3166 Members

Tech by James Ryken

47 Members

MARKETING DK by Lars Pedersen

Influencers, Experts & Agencies

304 Members

Social Media by Lars Pedersen

Influencers, Experts & Tech Companies

358 Members

Figure 27: Regardez sur Listes qui Montrent Vos Tweets. Cela
montre les listes auxquelles les gens vous ont ajouté. J'ai été ajouté
à 85 listes qui sont lues par près de 83,850 de personnes.

Cela ne veut pas pour autant dire qu'ils lisent mes tweets, il tient à
chacun d'ouvrir et de lire la liste.

Ce n'est pas toujours bon signe d'être dans une liste. On peut être
ajouté à une liste d'idiots, ou d'autres trucs pas terribles.

Si vous avez été ajouté à une liste dans laquelle vous ne voulez pas être, vous pouvez bloquer la personne qui l'a créée. Il ne semble pas y avoir de façon de voir si votre nom a été ajouté à une liste. Si vous savez comment le faire, dites-le-moi et je mettrai à jour.

Pouvez également créer des listes privées. Par exemple, amis, famille, collègues de travail. Créer la liste et cliquez sur Privée. Cela peut être utile pour suivre une entreprise, une école, etc.

Faire une Liste

Il est très facile de faire une liste sur n'importe quel sujet. FollowerWonk montre les personnes qui utilisent des mots clés dans leur profil (s'ils se ne se sont pas inscrits sur FollowerWonk, ils ne vous seront pas montrés).

- Allez sur FollowerWonk et cherchez des variations d'un mot-clé, comme évolution, théorie de l'évolution biologie évolutionnaire, etc
- Classez-les par nombre d'abonnés, copiez les 50 premiers et collez-les dans un fichier
- Classez-les par nombre de tweets, copies les 50 premiers et collez-les dans un fichier
- Utiliser le traitement de texte pour supprimer tout sauf les identifiants
- Créer une liste et ajoutez les noms
- En lisant la nouvelle liste vous pouvez supprimer tous ceux qui ne publient rien de pertinent

Conclusion

Si un sujet vous intéresse, il se peut qu'une liste lui soit consacrée. Vous pouvez également créer une liste de gens pour rester à jour sur un sujet.

Chapitre 5: Qui utilise Twitter?

Dans la première et la deuxième édition, j'ai consacré un chapitre aux données démographiques de Twitter. Deux des sections sont toujours intéressantes, elles sont donc présentes dans la mise à jour de 2019.

Environ 40 % des adolescents noirs sont sur Twitter. Comme nous le savons, les adolescents noirs américains sont à l'origine de beaucoup de tendances culturelles dans des domaines tels que la mode, la musique, et la danse. Ils sont très souvent copiés. Justin Bieber a commencé sa carrière comme chanteur de gospel alors qu'à ses débuts, Miley Cyrus était Hanna Montana, l'enfant-star de Disney. Les deux se sont approprié la musique noire pour progresser dans leur carrière. (Allez voir le rapport Pew *Teens, Social Media, and Privacy* à la page Références).

Black Twitter

Il y a tellement d'adolescents noirs sur Twitter qu'Ils y ont créé leur propre monde. On parle de "Black Twitter". Ces gosses ont inventé de nouvelles façons d'utiliser Twitter.

UtilisezTrendsMap pour observer les hashtags à la mode. Ce que l'on constate en premier lieu c'est que les tweets ont tendance à être concentrés dans de grandes villes. Les hashtags apparaissent soudainement, ils deviennent viraux, puis disparaissent en quelques jours.

Beaucoup d'entre eux proviennent d'adolescents noirs. Ils écrivent des tweets « à trous », comme #IfSantaWasBlack (si le père Noël était noir) ou #InPhilly (tu sais que tu viens de Philadelphie quand…). Les réponses sont audacieuses et souvent hilarantes. Paula Deen (une présentatrice d'émissions culinaires américaine) a même eu droit à son propre hashtag #PaulasBestDishes (les meilleurs plats de Paula). Allez jeter un œil à quelques uns de ces hashtags !

Plusieurs facteurs entrent en jeu :

- Les noirs et les latinos américains ont souvent des appareils mobiles très tôt. Les latinos ont même trois fois plus de téléphones mobiles que les blancs.
- Les noirs et les latinos ont tendance à avoir des structures familiales fortes et ils restent en contact les uns avec les autres. Les familles latino-américaines peuvent également vivre dans différents pays et elles utilisent donc souvent le téléphone pour rester en contact.
- Les adolescents américains noirs et latinos qui vivent en zones urbaines utilisent Twitter sur des portables à 5 $.

Observez les tweets d'adolescents noirs et vous constaterez qu'ils utilisent toujours des hashtags, des photos et des vidéos. Ils créent des conversations de groupe et tweetent leurs opinions et leurs expériences, en contraste total avec les célébrités qui utilisent Twitter de façon unilatérale.

Les adolescents noirs utilisent également Twitter pour rencontrer de nouvelles personnes. L'étude Pew souligne que 54 % des adolescents noirs ont lié une amitié avec quelqu'un qu'ils ont rencontrés en ligne, contre seulement 35 % des adolescents blancs.

Ce qui me ramène à ce que j'ai écrit dans la préface de ce livre. J'ai remarqué que les habitants des Appalaches avaient une meilleure connaissance de Twitter que ceux de la Silicon Valley. J'ai pu constater la présence de tout un monde parallèle. Les adolescents noirs n'ont pas lu de livres pour savoir comment utiliser Twitter, ils ont trouvé tout seul et les autres ados les ont suivis.

Observez comment les gens tweetent. Si vous voyez de longues séries de « tweets officiels » avec des mots en majuscules et des liens vers des articles, alors la personne ne fait que diffuser. Ce n'est pas quelqu'un qui écoute. Cette personne n'est-elle qu'un « chasseur de likes » qui collectionne les abonnés juste pour faire du chiffre ? Posez-lui la question. J'ai pu constater que s'ils vous connaissent assez bien, les gens admettront qu'ils ne comprennent rien à Twitter.

Les Chinois sur Twitter

Les chinois utilisent WeChat. Sur WeChat il y a les appels, les appels vidéo, les conversations de groupe, les emojis animés, les infos, les cartes et d'autres choses. Le paiement digital WeChat est connecté à votre carte bancaire et votre compte en banque. Des millions d'entreprises chinoises possèdent un compte WeChat, ce qui vous permet de prendre le train jusqu'à l'aéroport, acheter un billet d'avion, prendre le taxi, faire du shopping, réserver une chambre et payer au restaurant, tout ça avec WeChat. Près d'un milliard de personnes utilisent une méthode de paiement digital. Cela signifie que les prochaines versions des réseaux sociaux viendront de Chine. Autre chose sur WeChat qui diffère du français : les chinois écrivent en chinois et cela change ce qui peut être dit. Un tweet c'est 240 caractères. Ce qui vous permet seulement d'écrire un message court avec 24 à 40 mots français (et beaucoup d'abréviations et d'acronymes). Alors qu'en chinois on peut écrire un mot avec un seul caractère. Les chinois utilisent moins d'espaces entre les caractères, un tweet en chinois c'est donc entre 240 et 260 mots. C'est six fois plus de mots et donc des pensées plus longues et plus complexes impossibles à exprimer avec un court tweet en anglais. L'artiste chinois Ai Weiwei dit même « Avec 280 caractères chinois on peut écrire une histoire courte ou un roman ». Un exemple ? Ce paragraphe comporte 251 mots et pourrait donc contenir dans un tweet en chinois mais pas un tweet en anglais.

Conclusion

Observez comment les adolescents noirs américains et les chinois utilisent les réseaux sociaux, ce sont eux qui impactent le plus l'utilisation des médias sociaux.

Chapitre 6 : Recherches et Twitter

Regardons comment on peut trouver des trucs sur Twitter, comment utiliser Twitter pour faire des recherches, et comment faire du référencement digital sur Twitter.

Utiliser la recherche avancée de Twitter

Il y a la recherche basique par la barre de recherche Twitter mais la recherche avancée est bien mieux. Allez sur https://twitter.com/search-advanced?lang=fr pour l'utiliser.

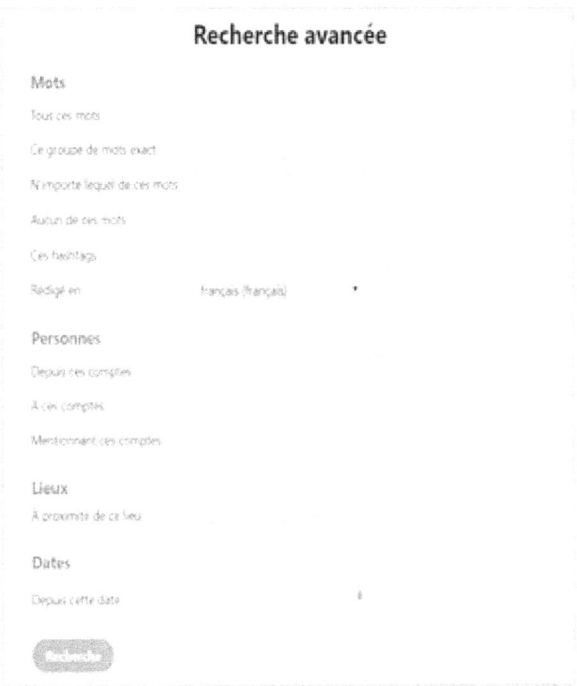

Figure 28: **La Recherche Avancée Twitter** sur
https://twitter.com/search-advanced?lang=fr

L'outil de Recherche Avancée vous permet de parcourir Twitter
de plusieurs façons :

- La recherche avancée vous permet de rechercher les mots-clés et les hashtags. Vous pouvez exclure certains mots clés et rechercher dans 51 langues.
- Vous pouvez rechercher les tweets d'une personne ou adressés à une personne
- Vous pouvez également rechercher par lieu, comme votre ville par exemple
- Vous pouvez utiliser des points d'interrogation pour trouver des tweets dans lesquels les gens posent des questions.

Si vous avez une entreprise, utilisez cette fonction pour trouver des questions qui concernent vos produits et services. Vous pouvez trouver des clients potentiels, des clients existants et également les clients de vos concurrents. Par exemple, si vous vendez des kebabs traditionnels à Copenhague, vous pouvez utiliser cette fonction pour trouver des gens qui recherche une pizzeria pour déjeuner. Répondez aux questions des clients de vos concurrents et voyez si vous parvenez à les faire privilégier votre entreprise.

Utiliser Twitter pour faire des recherches

Recherchez des choses telles que :

- Les compagnies aériennes, les vols, les bateaux de croisière, les hôtels, les destinations de vacances et les changements d'horaires pour les trains et les avions
- Les films
- Les événements du week-end
- Les boites de nuit
- Les restaurants
- Les docteurs, dentistes, avocats, et d'autres services au niveau
- Des produits et des rappels de produits
- Des cours

Vous pouvez également utiliser Twitter pour acheter et vendre des choses. Par exemple, recherchez des locations dans une ville. Pour cela, pas besoin de la recherche avancée, utilisez la barre de recherche simple et tapez :

"appartement à louer à Paris"

Chez-soi, on peut regarder les avis des consommateurs sur Twitter avant de faire de grosses dépenses. Souvenez-vous qu'il est probable que les vendeurs ajoutent de faux tweets. Vérifier donc l'historique des messages de la personne pour vérifier qu'elle est honnête.

Utiliser Twitter pour trouver du boulot

Vous pouvez également rechercher un emploi. Beaucoup d'entreprises et de services des ressources humaines utilisent Twitter pour poster des offres d'emplois. Ainsi, ils n'ont pas à payer de frais avec une agence de recrutement.

Par exemple, pour trouver un poste infirmière dans un rayon de 20 km de Lyon, ou un poste dans la banque à Paris, recherchez sur Twitter :

"infirmière/infirmier diplômé d'état" "emploi" près de :"69001" dans un rayon de :20km

Stage OU emploi ET banque près de : Paris depuis cette date : 22-09-2018

Vous pouvez également utiliser Twitter pour trouver des personnes au sein d'une entreprise et les contacter. Cela vous permet d'en savoir plus sur un poste au préalable.

Faites en sorte qu'on vous trouve sur Twitter

Faites-en sorte que l'on puisse vous trouver sur Twitter. Utiliser la barre de recherche Twitter et recherchez votre nom, votre produit, ou votre entreprise.

Faites aussi en sorte d'apparaître sur FollowerWonk.com.

Pour que l'on puisse trouvez plus facilement utiliser des mots clés et des hashtags dans votre description et écrivez des tweets avec des hashtags pertinents (allez voir comment j'ai fait sur @andreas_ramos).

Twitter et le SEO (référencement global)

Twitter est un moyen idéal de faire apparaître votre page web sur Google. Si vous avez un nouveau site Internet, une nouvelle page sur votre site, ou bien si vous souhaitez que quelque chose apparaisse dans Google, tweetez-le. Mettez un lien vers votre page dans le tweet, et Google indexera la page. Quand les gens la rechercheront dans Google, votre tweet apparaîtra.

Utilisez Google et Bing pour voir s'ls parviennent à trouver vos tweets et votre entreprise sur Twitter. Par exemple, si vous travaillez pour Godiva, recherchez :

site:twitter.com "le chocolat godiva"

Cette phrase permet de trouver "le chocolat godiva" sur Twitter.

Conclusion

Utilisez les différents outils de recherche pour voir comment ils fonctionnent.

Chapitre 7: La publicité sur Twitter

Twitter a lancé sa plate-forme de publicité en 2013. Intelligemment appelée *Twitter Advertising*, Elle vous permet d'utiliser des mots-clés et des hashtags pour écrire vos tweets. Twitter montre ensuite vos hashtags et mots-clés à des personnes qui les utilisent également. Vous pouvez également limiter les tweets à des pays, des états, ou des villes. Cela vous permet par exemple de ne tweeter qu'à Chicago.

Cette partie est dédiée à ceux qui veulent utiliser Twitter pour promouvoir ou faire de la publicité. Si ce n'est pas votre cas, vous pouvez passer à la prochaine partie.

Ciblage du Comportement sur Twitter

Twitter utilise le ciblage démographique. Il collecte des données au sujet d'une personne (les paramètres, la localisation, les tweets, les clics, les recherches, etc). Cela peut également inclure les pages Web avec le bouton Twitter qui ont été visitées (même s'il n'a pas été cliqué, Twitter sait que la page a été visité). Ce profil des intérêts et des activités de la personne est son *Interest Graph*. Twitter l'utilise pour vous aider dans votre campagne publicitaire.

Mettre en Place et Utiliser la Publicité

Connectez-vous à votre compte Twitter et cliquez sur votre icône de profil (en haut à droite), puis sélectionnez **Publicités Twitter**.

Vous pouvez promouvoir des tweets ou en utiliser de nouveau en tant que publicités.

Sur Twitter publicités, vous pouvez également utiliser des images et des vidéos. Vous pouvez utiliser du texte, des images ou de la vidéo sur une Carte Twitter.

Voici par exemple une carte Twitter que j'ai faite :

Figure 29: Une **Carte Twitter**. Lorsque quelqu'un clique dessus, son adresse mail est ajoutée à votre base de données.

Vous pouvez également ajouter un lien actif et un URL ("En vente dès maintenant sur Amazon!" avec l'URL du livre sur Amazon).

La carte permet de souscrire à votre newsletter ou à votre base de données marketing en un clic. Votre visiteur clique sur la pub et son adresse email (celle associée à son compte Twitter) est automatiquement ajoutée à votre base de données. Vous avez également la possibilité de télécharger ces adresses email sur Twitter Publicité. La Carte informe l'utilisateur que son nom vous sera communiqué s'il clique sur le bouton.

Il y a davantage d'options et de paramètres. Allez sur Twitter pour consulter l'aide.

Pour en savoir plus sur les Cartes Twitter : dev.twitter.com/cards

Comment suivre les résultats

Vous pouvez suivre les indicateurs de performance à l'aide des balises de conversion de Google Analytics.

Vous devez l'utiliser

J'aime bien Twitter Publicité. C'est simple et rapide. Quelques minutes suffisent.

.

Chapitre 8: Twitter et les statistiques

Twitter offre un rapport statistique basique.

Pour utiliser Twitter Analytics, cliquez sur votre icône de profil en haut à droite. Sélectionnez Statistiques dans le menu déroulant. Vous pouvez également aller sur analytics.twitter.com/user/VOTRE-IDENTIFIANT/home (Mettez votre identifiant dans cet URL).

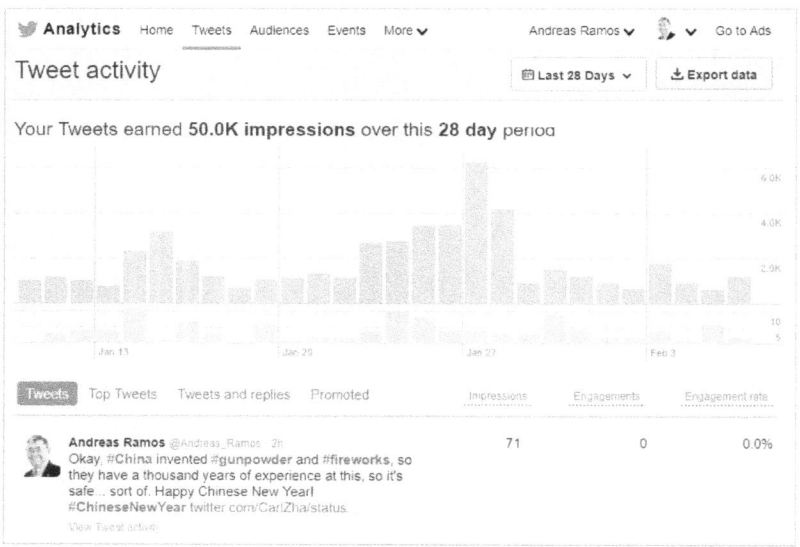

Figure 30: Twitter Analytics vous montre les données et les tendances de votre compte sur les 28 derniers jours.

Figure 31: Vous pouvez voir les tendances et statistiques pour les likes, réponses, et retweets.

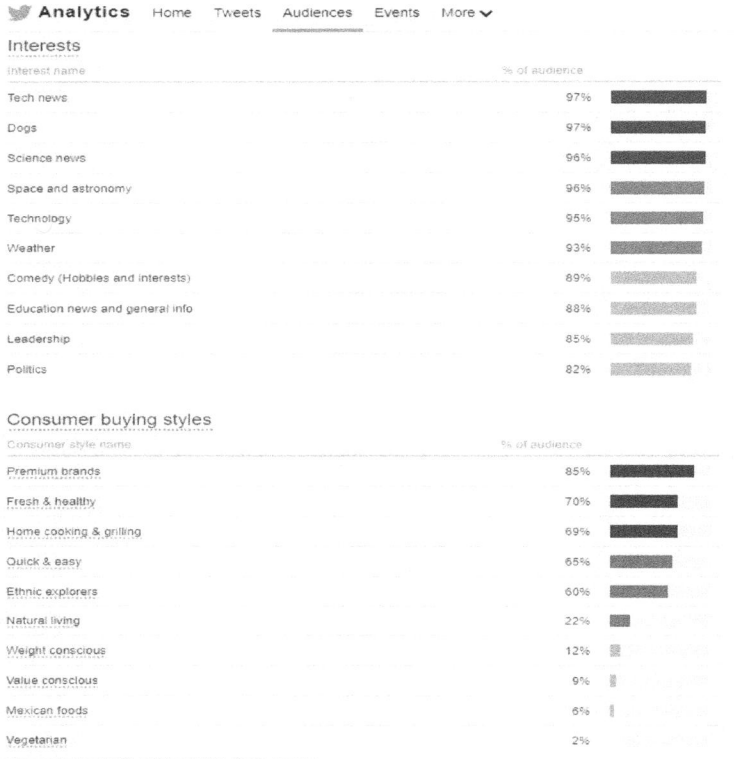

Figure 32: Twitter Analytics vous montre également les données concernant votre audience.... D'accord, mon audience (pas la vôtre). Mes abonnés sont vraiment intéressés par la tech, les chiens, et la science. Peut-être que je devrais partager plus sur les chiens cyborgs dans l'espace :-)

Il y a plus de fenêtres, j'en ai choisi que quelques-unes pour vous montrer les possibilités.

Conclusion

Il s'agit d'un outil analytique très basique, il ne montre que les 28 derniers jours. Il serait intéressant de voir les données sur 5 ans au moins.

Pour des données plus conséquentes, utilisez Google Analytics.

Chapitre 9: Twitter du côté obscur

Il y a aussi le côté obscur de Twitter. Je ne le mentionne pas pour vous encourager à le faire, vraiment pas. Certaines fonctionnalités sont même dangereuses Le but est de vous montrer ici qu'il y a énormément de façons différentes d'utiliser Twitter, et même de très mauvaises.

La face cachée de Twitter?

Vous avez sûrement entendu parler d'Anthony Weiner, un homme politique new-yorkais qui avait publié des photos intimes de lui-même. Pour on ne sait quelle raison, des gars publient des photos de leur sexe en érection avec l'hashtag #dickpick (photo de bite). C'est bizarrement très fréquent (1 300 publications ces 30 derniers jours). Il n'y a pas que les mecs. Les femmes publient également des photos de leurs seins et d'autres parties de leur corps avec l'hashtag #titpic (photo de nichon). Certaines ont plus de 950 000 tweets ces 30 derniers jours (plus de 1 300 tweets par heure). Des vidéos sont souvent incluses.

Facebook n'autorise même pas la photo d'une mère allaitant son propre bébé. Sur Twitter, tout y passe.

Comme vous le savez à présent, beaucoup d'adolescents sont actifs sur Twitter. Des jeunes filles de 14 ou 15 ans postent des photos d'elles nues pour leurs petits copains. Ceci a commencé lorsque des starlettes de bas étage ont commencé à sortir des sextapes pour accroitre leur notoriété.

J'ai eu une discussion avec le CEO et le CTO d'une importante entreprise spécialisée dans les réseaux sociaux. Je leur ai dit « les gars, vous avez vu ce que font certaines adolescentes ? ». Ils ont regardé le sol et mon répondu « ouais, les mères nous appellent ».

Malgré les récits effrayants dans les médias populaires, seulement 4 % des adolescents américains (environ 1,2 million) postent des choses stupides selon l'étude Pew. 96 % des adolescents ne posent aucun problème.

Les prostituées utilisent Twitter pour proposer leurs services. Elles publient avec les hashtags #callgirl, #escort, ainsi qu'un code postal, comme 75001 (pour Paris) ou 69002 (pour Lyon). Les clients les trouvent en recherchant des hashtags et des codes postaux. Vous voyez, ce sont les hashtags qui comptent.

Les gens vont tweeter pour acheter de la drogue, proposer de la drogue, ou se vanter d'avoir acheté de la drogue à l'instant. Ils ne se rendent pas compte que leurs publications peuvent être vues par le monde entier y compris la police. Les flics, même dans les petites villes, ont appris à se servir des réseaux sociaux pour surveiller les hashtags tels que #meth, #molly (MDMA), #amphet, etc.

Les gangs de rue tweetent souvent pour se vanter de leurs crimes. Leurs tweets incluent parfois des photos ou des vidéos d'eux en flagrant délit. « Ouais ! On a braqué l'épicerie de nuit ! Voici une photo de nous avec le bif ! ". La police clique "j'aime" sur ces publications.

Je vous raconte cela pour vous montrer ce qui se passe sur Twitter. Pratiquement aucun de mes amis de la Silicon Valley n'est au courant de ces choses.

Le Peuple est dans les Tweets!

Beaucoup de discussions apparaissent sur les révolutions en couleurs, telles que la Révolution Orange en Ukraine, la Révolution Rose en Géorgie, la Révolution Verte en Iran, ainsi que celle du Jasmin en Tunisie et le printemps arabe (l'Egypte, le Bahreïn et d'autres pays), ont eu lieu sur les réseaux sociaux. Il y a également eu des émeutes à Londres, à Paris et à Stockholm.

Cependant, des études ont prouvé que les réseaux sociaux n'avaient pas eu un impact significatif sur les révoltes dans les pays du monde arabe. Seulement 1% des Égyptiens ont accès à

Twitter. Ce ne sont pas les réseaux sociaux qui créent les révoltes mais bien les régimes répressifs et corrompus qui exacerbent les tensions sociales. Les gouvernements favorisent ceux qui vivent dans l'opulence et se montrent indifférents envers la jeunesse. La télévision et la culture populaire glorifient la richesse.

Le taux de chômage chez les jeunes adultes est élevé partout dans le monde. Le taux de chômage des jeunes adultes américains s'élève à 24 %, soit trois fois plus que chez les adultes. 30 % des américains dans la vingtaine vivent chez leurs parents. Les chiffres sont pires au Royaume uni, en Espagne, en Italie, et en Grèce. Il s'agit ici d'une source de problèmes potentiels.

Les adolescents se servent de Twitter pour communiquer entre eux, et ça les adultes ne le voient qu'en partie. Au lieu d'essayer d'arranger les problèmes sociaux, le gouvernement britannique a menacé d'interdire Twitter, les SMS et les portables. Le fait que les gouvernements tentent d'empêcher la discussion accroit le manque de confiance, les malentendus et les tensions.

Dans un article paru dans Politiken, Bjørn Bredal a écrit que les activistes en Égypte et en Palestine étaient d'accord sur le fait que les réseaux sociaux permettaient au public de développer des opinions qui n'étaient pas censurées par des médias contrôlés par l'état. Les manifestants pouvaient s'organiser rapidement et partager des informations. Cependant, après que les gouvernements aient été renversés, les réseaux sociaux ont perdu leur utilité. Le people a dû créer de nouveaux gouvernements et de nouvelles structures sociales mais les réseaux sociaux ont transformé la conversation en une multitude de commentaires et d'opinions qui n'ont pu être rassemblés dans un but commun. Les manifestants arabes ont déclaré que les médias traditionnels étaient plus efficaces quand il s'agissait d'un service public visant à donner des informations fiables au peuple.

En effet, nous avons constaté la même chose aux États-Unis. Bien qu'elles existent depuis 15 ans, les plateformes sociales ne sont pas parvenues à organiser des mouvements de façon significative ou durable.

Harcèlement Politique et Censure

Quand j'ai écrit ce livre, j'ai eu l'occasion de parler avec des ingénieurs employés par des entreprises qui créent de faux comptes. Ces entreprises travaillent pour d'autres entreprises ou bien par des gouvernements. Ils utilisent ces comptes comme des marionnettes digitales soit pour créer du soutien bidon ou attaquer les détracteurs.

Un des exemples les plus connus a eu lieu en décembre 2011, durant les élections parlementaires russes. Le parti politique au pouvoir a été à l'origine d'une fraude massive, des votes valides ont été supprimés et des faux votes ajoutés. Les personnes qui ont voté ainsi que les simples observateurs ont utilisé Tweeter pour parler de cette fraude. Plus de 500 000 messages ont été envoyés.

En représailles, 25 860 faux comptes ont envoyé 440 793 faux tweets, 1 846 tweets par minute. Ils ont inondé la conversation pour empêcher la discussion. Dans les faux tweets il y avait des hashtags, des railleries et des absurdités. Un important blogueur russe spécialisé dans l'anti-corruption a été attaqué par 4 215 faux comptes.

26 000 comptes Sybil ont été connectés à un réseau Sybil. Ce qui prouve qu'une seule et même organisation était derrière ces attaques. (Les comptes Sybil sont nommés ainsi suite au fameux cas d'une personne souffrant du syndrome des personnalités multiples).

En écrivant ceci je me suis demandé si le harcèlement par Sybil existait aux États-Unis. En jetant un œil au magazines et journaux qui sont considérés comme progressistes ou libéraux (dans le sens américain du mot), la partie des commentaires est remplie de spams, d'attaques féroces, ou de dérision. Je me suis toujours demandé pourquoi un partisan d'extrême droite lirait le *New York Review of Books* ou d'autres livres similaires.

J'ai donc observé *Fox News* (Une chaine télévisée américaine d'extrême droite). Bizarrement, le peu de commentaires provenait de personnes applaudissant les nouveaux articles ou appelant à des prises de positions encore plus radicales. J'y ai passé une heure et je n'ai trouvé aucune attaque ou de railleries de l'opposition. Peut-être que cela existe, mais c'est en tout cas bien moins répandu que de l'autre côté.

Les journalistes ont écrit sur des services qui mènent à du hacking, de la diffamation et du spamming sur des concurrents, des journalistes, et des militants politiques pour le compte d'entreprises.

Comment contourner la censure

Si votre gouvernement tente de couper les communications internet, vous pouvez poster sur Twitter (mais vous ne pouvez pas recevoir) en envoyant un tweet au :

- ROYAUME-UNI: +447624800379
- ALLEMAGNE: +491724403473
- FINLANDE: +3584573950042

Il s'agit de SMS internationaux. Attention cependant, en France, selon votre forfait, les SMS internationaux peuvent vous coûter cher, vérifiez bien auprès de votre opérateur.

Créer un compte Twitter par SMS

Pas besoin d'un compte Twitter pour l'utiliser. Vous pouvez le configurer par téléphone.

- Envoyez un sms avec le mot **START** à votre numéro court Twitter (comme 40404 si vous êtes aux États Unis. Il n'y a pas de numéro court pour la France mais vous pouvez utiliser l'un des numéros précédents)
- Twitter vous demandera votre nom
- Twitter vous enverra ensuite un nom d'utilisateur
- Et c'est tout. Commencez à utiliser votre compte.
- Vous pouvez changer de paramètres par SMS. Pour plus d'informations, allez sur http://bit.ly/J58eeK

Pour éviter d'être surveillé, utilisez un téléphone jetable et créez le compte avec ce téléphone.

Utiliser Twitter avec des téléphones basiques

Twitter fonctionne aussi par SMS sur les téléphones basiques. Vous pouvez utiliser un téléphone jetable que vous trouverez dans un bar tabac pour une dizaine d'euros ou dans n'importe quel supermarché. Ces téléphones ont des minutes d'utilisation incluses et vous pouvez en ajouter. Connectez le téléphone à votre compte et vous pouvez commencer à envoyer ou recevoir des tweets.

À noter : Les téléphones facturent à la minute et au message. Si vous achetez 10 minutes, vous aurez par exemple dix minutes d'appels et 30 SMS.

Il s'agit d'une autre différence entre Twitter et Facebook : vous ne pouvez pas utiliser Facebook sur un téléphone basique.

Vie privée et chantage

La vie privée n'existe pas sur Twitter. Les entreprises ou les gouvernements peuvent facilement savoir qui vous êtes en comparant votre adresse IP, votre localisation et vos diverses identités sociales. Beaucoup de gouvernements le font.

Si vous voulez protéger votre vie privée, utilisez un téléphone jetable non enregistré. N'emmenez pas votre téléphone habituel avec vous car sa localisation peut être tracée et associée à votre téléphone non enregistré même s'il est éteint. N'utilisez pas non plus votre langage habituel.

Harcèlement sexuel

Au Royaume-Uni, Caroline Criado-Perez a réussi à obtenir que la Banque d'Angleterre mette un portrait de Jane Austen sur le billet de 10 pounds. L'idée était plutôt bonne.

Sans raison apparente, plusieurs personnes se sont mises à l'attaquer sur Twitter. Elle a reçu des menaces de violence, de viol, de meurtre.

- Ne répondez pas. Tout ce qu'ils demandent, c'est de l'attention.
- Bloquez-les. Allez sur le profil de la personne, cliquez sur le menu déroulant et sélectionnez « Bloquer ».
- Signalez-les à Twitter. Utilisez le bouton signaler. En bas du tweet, sélectionnez « Signaler ».
- Contactez la police. Donnez-leur des copies des tweets. Faire des menaces de violences est un crime puni par la loi.

Certains pensent que tout est permis en ligne. Ils se servent de Twitter pour envoyer de petits messages obscènes et brutaux. Les mêmes règles sociales et droits légaux s'appliquent en ligne et dans la vie réelle.

Figure 33: Vous n'avez pas à subir des tweets inappropriés. Utilisez le bouton **Inapproprié**. Une équipe de Twitter jettera un œil aux tweets et bloquera l'utilisateur.

La politique et Twitter

Dans de nombreux pays, les partis politiques et les organisations se sont rendu compte qu'ils pouvaient utiliser Twitter pour faire de la politique (à bon ou mauvais escient). David Cole (@DavidColeACLU), Directeur Legal National de l'ACLU et professeur à Georgetown, a écrit sur les réseaux sociaux dans la New York Review of Books (Feb. 7, 2019). Dans son analyse du livre *Twitter and Tear Gas* (Twitter et Gaz Lacrymogène) de Zeynep Tufekci (@zeynep), Cole écrit : "Le but n'est pas de supprimer les points de vue opposés mais de créer la résignation, le cynisme et un sentiment d'impuissance dans le peuple. Cela peut être fait de plusieurs façons, comme par exemple inonder l'audience d'informations, produire de la distraction pour diluer l'attention et la concentration, enlever toute légitimité aux médias qui donnent une information juste…, créer de la confusion de façon délibérée, ainsi que de la peur et du doute en questionnant la crédibilité de façon agressive… en criant aux canulars ou en les créant, ou bien en générant des campagnes de harcèlement ".

Trump et Twitter

Je pense que je devrai parler de l'utilisateur de Twitter le plus connu. Lorsque Donald Trump (@RealDonaldTrump) a publié un livre en 2009, un employé du marketing a suggéré qu'il utilise Twitter pour le promouvoir. Les premières années, il postait entre neuf heures du matin et six heures du soir. Puis début 2013, il se rendit compte que Twitter pouvait lui servir à attaquer Obama et il commença à tweeter 24 heures sur 24. Après 2016, il se mit à tweeter de 6 heures du matin jusqu'à minuit. Bien qu'il ait essayé d'autres plateformes de réseaux sociaux, Twitter est celle qu'il préfère.

Trump utilise Twitter pour diffuser. Il parle au monde. Mais c'est tout ce qu'il y fait : il n'utilise pas le Fil ou les Sondages. Les photos et vidéos sont presque systématiquement prises par quelqu'un d'autre. Le fait que Trump utilise Twitter est surprenant : il a 72 ans, peu de septuagénaires utilisent les réseaux sociaux.

En comparaison, Alexandria Ocasio-Cortez (@AOC) est la démocrate qui utilise Twitter avec le plus de succès, avec trois millions de followers. Ses tweets incluent toujours des photos et des vidéos qu'elle a prises elle-même. Ses publications allient travail et tweets personnels. Mais elle non plus n'utilise pas les Listes ou le Fil.

Trump a 58 millions d'abonnés. Selon Statuspeople.com, 9% sont faux, 12% sont actifs, et 79% sont inactifs, ce sont donc 7 millions qui ont des comptes actifs. (@AOC en a 21% de faux, 40% inactifs et 39% d'actifs). Cependant, "actif" ne veut pas dire que quelqu'un lit effectivement les tweets. The Guardian a écrit sur le taux d'interaction (commentaires, retweets, likes) par rapport au nombre d'abonnés. Alexandria Ocasio-Cortez a un taux d'interaction qui s'élève à 2.8% sur les derniers 90 jours (jusqu'au 10 février 2019). Comparé à 0,4% pour Obama, 0,2% pour Hillary Clinton, 0,2% pour Donald Trump et 0,09% pour Bernie Sanders. (Tous ces chiffres sont faciles à truquer).

Trump annonce souvent ses décisions et les licenciements de personnel par tweets. Les journalistes, les politiciens et le personnel de la Maison Blanche le suivent donc de très près.

Si vous voulez en lire plus sur Trump sur Twitter, allez sur t2m.io/Pu34EXy7

Résumé

En lisant ce chapitre vous avez dû vous dire que Twitter est un bordel sans nom. Les pornstars, les dealers, les gangs, les individus menaçant de viol et les extrémistes politiques y sont tous en liberté.

Dans toute l'histoire, ce sont toujours les élites qui ont eu les pleins pouvoirs sur l'économie, le système légal, l'église et l'armée. Les écrivains étaient bannis, les livres brûlés, et les poètes, écrivains et scientifiques étaient emprisonnés.

Mais les réseaux sociaux sont parvenus à briser ce contrôle, non pas en le confrontant, mais en le contournant. Ils ont permis à tout le monde de pouvoir parler avec n'importe qui. Les gens peuvent y partager des idées, des plans, et des actions.

Il y a beaucoup de débat sur la censure en Chine alors qu'en réalité beaucoup utilisent des VPN et autres outils pour la contourner. Le gouvernement le tolère car il a besoin de tout ce flux d'informations.

La communication ouverte sur les réseaux sociaux a de bons et de mauvais côtés. C'est génial que les chercheurs, les universitaires et autres puissent partager leurs idées. Cela apporte du progrès. En revanche, il est très négatif que des personnes irresponsables puissent utiliser les réseaux sociaux pour harceler et attaquer les autres. Beaucoup sont mal informés et propagent des fausses informations.

Les réseaux sociaux ne servent pas juste au marketing. C'est bien plus que cela. Lorsque Gutenberg a inventé l'imprimerie en 1440, personne ne savait que cela allait engendrer des révolutions, des guerres, la chute de la religion, la montée de la science et du monde moderne. Presque 600 ans plus tard, une nouvelle révolution de la communication est en train d'avoir lieu grâce au web, aux moteurs de recherche, aux réseaux sociaux et aux appareils mobiles.

Personne ne sait où cela nous mènera.

Chapitre 10: Twitter et la police

J'ai également remarqué que la police était très active sur Twitter. J'ai donc rencontré la police de Palo Alto et de Mountain View afin de parler de Twitter et des réseaux sociaux.

Il y a près de 18 000 commissariats de police aux États-Unis. Plusieurs milliers utilisent les réseaux sociaux pour enquêter et sensibiliser. Bien sûr ils enquêtent, mais la sensibilisation communautaire a bien plus d'impact : Ils voient les réseaux sociaux comme un moyen d'être plus transparents. Les réseaux permettent à la police d'avoir une présence personnelle et de collaborer avec la communauté. Ils peuvent atteindre la population et la population peut également les contacter.

L'attaque du marathon de Boston a été un moment décisif car ce fut la première fois que la population a pu obtenir des informations précises directement de la police lors d'une crise majeure. Dans la panique générale causée par l'attaque, le Web était inondé de rumeurs. La police the Boston a utilisé Twitter pour tenir la population au courant de la recherche de suspects. Quand le suspect a finalement été appréhendé, la police a tweeté des mises à jour à quelques minutes d'intervalle. Cela a placé la barre plus haute pour tous les commissariats de police.

Les réseaux sociaux permettent également à la police de contourner les médias et de toucher directement la population. Les journaux et les informations, qu'elles soient diffusées à la radio ou la télé, ont tendance à tourner les histoires de façon à les rendre plus dramatiques de sorte à augmenter l'audience et donc les revenus générés par la pub. Le crime aux États-Unis n'a fait que baisser depuis 30 ans et a atteint un taux record, mais si vous regardez les infos aux États-Unis, ce n'est pas ce que vous apprendrez.

Quand la police a informé les médias qu'elle allait commencer à se servir des reseaux sociaux, les médias ont demandé de ne pas le faire car ils ne pourraient plus faire leur boulot correctement, la population étant informée avant même les médias.

Avant, la police organisait des conférences de presse. Bien qu'elle le fasse toujours, tout est directement posté sur les réseaux. Les policiers ont maintenant leur propre force de diffusion. Cela a pour conséquence d'offrir une plus grande précision car les médias ne peuvent pas grossir les faits. Au lieu de cela, les médias partagent souvent les tweets de la police, ce qui augmente leur visibilité.

Voici un exemple. Il y a plusieurs années de cela, deux policiers de Palo Alto ont arrêté une voiture sur une rue très fréquentée à l'heure du déjeuner. Le conducteur a accéléré et est rentré dans plusieurs voiture avant de prendre la fuite à pieds. Les policiers l'ont poursuivi sur quelques pâtés de maison. Les gens dans les cafés ont commencé à tweeter sur des poursuites en voiture, des otages, des armes à feu etc. La police a immédiatement utilisé Twitter pour expliquer que ce n'était pas du tout ce qu'il était en train de se passer et qu'il s'agissait juste d'une poursuite à pieds. Ils peuvent ainsi clarifier, corriger et mettre à jour. Cela calme la situation et évite la désinformation.

Les réseaux permettent également aux policiers d'être perçus comme des êtres humains. Certains tweets sont très drôles. Un jour, ils ont tweeté qu'ils procèderaient à un contrôle de vitesse à un carrefour. Après avoir verbalisé un gars, ils ont tweeté que ce dernier aurait mieux fait de s'abonner à leurs tweets.

Vous pouvez les suivre sur @PaloAltoPolice et @MountainViewPD

Ils utilisent également YouTube pour les vidéos et Pinterest pour publier des photos d'objets trouvés, de leurs chiens policiers, des officiers et d'autres choses (allez sur pinterest.com/mountainviewpd/boards/). La police de Palo Alto et celle de Mountain View utilisent également NextDoor, une plateforme sociale basée sur les quartiers.

Dans la baie de San Francisco, plus de 50 services tels que la police, les pompiers, les ambulanciers, et d'autres groupes d'intervention d'urgence, publient des informations grâce au Bay Area Law Enforcement Social Media Group (#BALESMG). Les autres villes peuvent les contacter pour en savoir plus.

Il y a également IACPSocialMedia, une ressource centrale des réseaux sociaux pour la police. Bon nombre de leurs FAQ et de leurs présentations peuvent être utilisées par votre entreprise pour vos stratégies en ligne.

Plusieurs entreprises offrent des logiciels à la police. Cela leur permet de contrôler les tweets au sein de la communauté. Ils peuvent choisir une zone sur une carte, choisir des termes tels que #cocaine ou #fusillade, et recevoir des alertes lorsqu'un de ces termes apparait dans un tweet qui est publié dans leur ville. Ils peuvent également établir une liste d'utilisateurs à surveiller. Le logiciel montre le tweet, le type d'appareil qui a été utilisé pour le poster, et la localisation GPS si elle a été activée. En cliquant sur l'utilisateur, la police peut voir ses tweets précédents, les photos qui ont été publiées, et les habitudes de publication. La police peut télécharger les derniers 10 000 tweets en lien avec l'utilisateur, des mots clés et mettre des noms dans leur liste de surveillance. S'ils suivent quelqu'un et que cette personne tweete un bip d'alerte est émis, et si la géolocalisation est active, un point apparait sur la carte. La police peut ensuite zoomer en mode Street View pour voir l'endroit.

En résumé

Il y a du bon et du mauvais au fait que la police soit sur les réseaux sociaux. La police de Palo Alto dans la Silicon Valley l'utilise pour garder un œil sur les criminels. Cependant, dans d'autres villes, la police l'utilise pour surveiller des dissidents et des critiques, ce qui est très négatif.

Chapitre 11: Twitter en cas de catastrophe

Beaucoup pensent que Twitter sera utile en cas de catastrophes telles que des tremblements de terre, des ouragans, ou même des monstres géants qui émergent de l'océan.

Un de mes voisins est géologue pour le USGS, une organisation gouvernementale qui surveille les tremblements de terre. Nous vivons à Palo Alto, juste en dessous de la faille de San Andreas, là où se passent les tremblements de terre californiens.

Il m'a dit qu'en cas de tremblement de terre grave (ou lors de n'importe quelle catastrophe régionale), trop de personnes passeront des appels. Cela saturera les lignes et compliquera les appels vers et entre les ambulances, les hôpitaux, les pompiers et les autres services d'urgence. Les autorités couperont le service téléphonique. Seulement les appels vers les services d'urgence passeront.

Cela veut également dire qu'internet et le web risquent d'être coupés. Et donc Twitter ne sera pas disponible via le web.

Si une catastrophe majeure se passe, vous devriez pouvoir utiliser la fonction SMS de votre téléphone mobile car les SMS passent par le système de messagerie à texte, cela n'utilise pas trop de bande passante.

Alors apprenez à vous servir des SMS et soyez en mesure de contacter quelqu'un qui vit hors de votre région.

Vous remarquerez que j'ai écrit « vous *devriez* pouvoir ». En théorie, cela devrait fonctionner, mais personne ne sait vraiment car ce n'est jamais arrivé. En plus de cela, Twitter.com est situé en Californie où un tremblement de terre majeur est probable. Les dirigeants de Twitter ont admis dans leur document S-1 SEC (p. 51, 4 oct. 2013) que les données ne sont pas stockées dans des centres de données. Donc si (ou plutôt quand) un tremblement de terre venait à survenir, on se sait pas trop si Twitter existera à nouveau ou même si leur immeuble sera toujours debout.

Comment utiliser Twitter par SMS

Vous pouvez associer votre service de messagerie SMS à Twitter.

- Dans un premier temps, associez votre compte Twitter à votre téléphone. Allez sur votre compte Twitter. Cliquez sur Paramètres | Mobile. Entrez votre numéro de téléphone. Twitter va vous envoyer un code de confirmation.

- Utilisez votre téléphone pour envoyer au code court Twitter. Aux États-Unis par exemple, partagez sur Twitter au **40404**. Allez sur support.twitter.com/articles/20170024 pour obtenir une liste des codes courts par pays.

- Pour activer tous les tweets (de tous ceux que vous suivez), envoyez "**ON**" (Faites attention ! Si vous suivez 500 personnes votre téléphone va exploser.)

- Pour désactiver tous les tweets, envoyez **OFF**

- Pour suivre (ou ajouter) quelqu'un, envoyez "**ON**" et le nom, par exemple **ON ANDREAS_RAMOS** (vous pouvez utiliser les minuscules)

- Pour vous désabonner de quelqu'un, envoyez "**OFF**" et le nom, par exemple **OFF ANDREAS_RAMOS**

- Pour obtenir de l'aide, envoyez **HELP**

- Plus d'infos sur support.twitter.com/sms

Apparemment, ce service n'existe pas pour la France. Si vous trouvez un moyen pour l'utiliser, surtout dites le moi.

Vous pouvez également vous rendre sur Twitter.com pour configurer qui vous voulez suivre sur votre mobile. Regardez la liste de ceux que vous suivez. À côté du bouton Suivre, cliquez sur la flèche du bas et sélectionnez Activer les notifications sur mobile. Vous aurez les tweets de la personne directement par SMS.

Alertes Twitter

Twitter s'est associé avec 100 services d'urgence pour leur permettre de vous envoyer des tweets avec des alertes en cas d'urgence.

En résumé

C'est quand il sera trop tard que vous aurez besoin de ce chapitre. Allez-y, utilisez Twitter par SMS.

Quelques exemples d'utilisation de Twitter

Voici plusieurs façons d'utiliser Twitter pour promouvoir une pièce de théâtre ou votre participation à une conférence. Vous pouvez adapter ces idées pour votre entreprise, vos services, ou vos produits.

Utiliser Twitter pour Promouvoir une Pièce de Théâtre

(J'ai un ami qui est acteur à Francisco. J'ai écrit ce qui suit pour l'aider à promouvoir la pièce dans laquelle il joue. J'ai changé quelques noms. Vous pouvez reprendre ces idées pour tout type d'évènement.)

Donc, vous voulez promouvoir une pièce de théâtre. Peu importe si votre seul abonné est votre chat. Suivez ces étapes pour atteindre votre public.

Utilisez un hashtag unique pour la pièce. Dans ce cas, c'est *Feng Niao* à San Francisco (SF), utilisez #FengNiaoSF.

- Tout le monde (les acteurs, l'équipe technique, les soutiens, les amis, la famille, les chiens, etc) doit créer des comptes Twitter.
- Tout le monde doit publier TOUS LES JOURS sur leurs comptes Twitter. Si certains publient deux ou trois fois par jour, c'est encore mieux. Utilisez l'hashtag #FengNiaoSF dans tous les tweets.
- Mettez #FengNiaoSF (avec le symbole du hashtag) sur le site internet de la pièce pour qu'on puisse la trouver sur Google/Bing

- Publiez ce qui suit sur Twitter et Facebook : "Allez au théâtre voir FengNiao à #SF #FortMason, du 13 au 23 Septembre. Allez sur http://bit.ly/15ZR1ON #FengNiaoSF. Partagez SVP!" Il y a ainsi le hashtag, la ville et un lien vers l'évènement. Le bit.ly/15ZR1ON est une URL compressée pour votre évènement. Cliquez dessus et vous verrez qu'il mène à votre site.

- Ajoutez des tweets avec des infos sur la pièce, comme "FengNiao par Qian Zhongshu," "#FengNiaoSF réalisée par @StephanieACota," "FengNiao au théâtre #FortMason de SF," "Allez voir @WendyLChang dans #FengNiaoSF". Ajoutez les noms des acteurs, des coulisses etc.

- La pièce parle des chinois à San Francisco. Ajoutez des hashtags pour toucher la communauté chinoise comme #China #Beijing #Shanghai, etc.

- Chaque personne doit tweeter son expérience personnelle. Plus c'est personnel mieux c'est.

- Faites plus qu'écrire. Ajoutez des photos et des vidéos.

- Publiez des photos des coulisses, des vidéos drôles, les répétitions, les scènes coupées, les bêtisiers. Publiez des photos et des vidéos du casting et de l'audience, du casting avec des enfants, avec des chiens, après une soirée.

- Faites que le casting s'interpelle. L'un d'entre eux tweete #IfFengNiaoWasYourMom (en un seul mot avec le symbole du hashtag) et les autres y répondent de façon légère, créative ou réfléchie, comme #IfFengNiaoWasYourMom elle mettait du sucre dans ton biberon.

- Utilisez Hootsuite pour configurer une recherche pour #FengNiaoSF afin de pouvoir suivre les publications.

- Interrogez les gens. Quelle est votre réplique préférée ? Qui est le personnage que vous aimez le plus ?

- Interrogez le public. Utilisez la caméra de votre portable, choisissez quelqu'un dans la file et posez-lui des questions. À quoi vous attendez-vous ? Comment en avez-vous entendu parler ? Et après : Qu'avez-vous pensé de la pièce ? Qu'avez-vous pensé de l'actrice ?

- Configurez la publicité sur Twitter. Les pubs peuvent commencer quelques semaines avant la pièce et s'arrêter en même temps qu'elle. Vous pouvez faire en sorte que les pubs n'apparaissent qu'à San Francisco.

Et bien sûr, postez des tweets comme :

- #IdeeDeRDV : allez voir #FengNiaoSF
- #LundiSoirSF : allez voir #FengNiaoSF
- #MardiSoirSF : allez voir #FengNiaoSF
- #SF #Events : allez voir #FengNiaoSF
- #QueFaire Sept SF : allez voir #FengNiaoSF
- #CassezVotreTV. Allez voir #FengNiaoSF
- #TrompezVotreFemme. Emmenez votre petite copine voir #FengNiaoSF.
- #TrompezVotrePetiteCopine. Emmenez votre femme voir #FengNiaoSF.
- Cherchez les évènements du moment à SF et associez-les à FengNiao. Quand les gens chercheront ces évènements, ils tomberont sur vos tweets. Quelques exemples :
- Un #MonstreDeMer géant a à nouveau renversé le #GoldenGateBridge? Allez voir #FengNiaoSF
- Attention dans les transports ! Un #MonstreDeMer géant a mangé le #GoldenGateBridge. En attendant qu'il soit réparé, allez voir #FengNiaoSF
- #GreveDesBus ? Allez voir #FengNiaoSF
- Zappez les #Giants! Allez voir #FengNiaoSF
- Pas de places pour aller voir #MileyCyrus ? Allez voir #FengNiaoSF
- File d'attente trop longue pour le nouveau film de #TomCruise ? Allez voir #FengNiaoSF
- En mode #Touriste à #SF ? Allez voir #FengNiaoSF
- On s'en fout de #OracleWorld ! Allez voir #FengNiaoSF

- Que font les locaux à #SF ? Ils vont voir #FengNiaoSF
- Plus de #prostituees dispos à #Tenderloin? Allez voir #FengNiaoSF
- OMFG! Extreme #Theater à #FengNiaoSF
- #BayArea #theater à #FengNiaoSF
- #Oakland #theater à #FengNiaoSF

Vous voyez ? Peut-être que votre chat est le seul à vous suivre sur Twitter, mais vous parviendrez quand même à atteindre votre audience.

Utiliser Twitter pour une conférence

Vous pouvez utiliser Twitter pour sensibiliser et vous faire un réseau lors d'une conférence. Voici un plan que j'ai rédigé pour une conference à NYC.

- Chacun de vos employés doit créer un compte Twitter. Le but est de créer une présence digitale.
- Configurez cela sur vos mobiles et entrainez-vous avant d'aller à New York.
- Chaque personne doit tweeter au moins une fois par jour, peut-être même deux à trois fois par jour. Une ou deux personnes publient du compte Twitter de l'entreprise.
- Apprenez comment envoyer des tweets avec du texte, des hashtags, des URL raccourcis, des photos et des vidéos.
- Organisez des compétitions. Qui envoie le PLUS de tweets en 24 heures avec l'hashtag de l'entreprise gagne une glace. Et pour celui qui obtient le plus grand nombre de retweets à un message la semaine de la conférence ? Le CEO vous chantera une chanson au diner. Qui partage la meilleure photo ? Qui a la photo la plus retweetée ? Qui a partagé la vidéo qui a obtenu le plus de retweets ?
- Faîtes des interviews vidéo. Demandez aux personnes présentes à la conférence « pourquoi êtes-vous là ? », « comment en avez-vous entendu parler ? ». Posez des questions inattendues comme « qui voyez-vous comme CEO de Google ? ».

- Utilisez Google Analytics sur votre site pour analyser les données et voir l'impact.
- Ajoutez Hootsuite sur votre téléphone ou votre tablette et configurez un fil de recherche pour l'hashtag de votre entreprise pour pouvoir suivre les publications.
- Vous pouvez entrer des tweets dans Hootsuite avant de vous rendre à New York de façon à ce qu'ils soient envoyés quand vous y êtes.
- Posez des questions aux gens lors de la conférence. « Qu'avez-vous pensé de la dernière présentation ? », « On va dîner, venez avec nous. »
- Configurez la publicité sur Twitter afin de montrer vos tweets les plus importants à votre audience. Les publicités peuvent commencer en même temps que la conférence et s'arrêter avec elle. Vous pouvez faire en sorte que les pubs n'apparaissent qu'à New York. Tous les participants de la conférence verront vos tweets.

Voici quelques idées de tweets :

- Quand vous participez à des conférences ou des réunions, tweetez les idées principales.
- Invitez des gens : Par exemple, "Venez découvrir #EzyInsights à #NYC @EzyInsights."
- Tweetez dans les langues qui seront utilisées à la conférence : l'anglais, le chinois, l'allemand, le français, l'espagnol, etc
- Partagez vos expériences personnelles chaque jour. @EzyInsights en route vers #EmpireStateBuilding
- Ne soyez pas formel. Partagez des photos amusantes de l'équipe. L'équipe à un bar. Le CEO avec des prostituées. Le CEO se faisant arrêter par la police de New York.
- Utilisez des photos et des vidéos.

Utilisez l'hashtag de l'évènement, par exemple #AdWeekNYC, pour tweeter des éléments tirés des conférences, des informations sur l'évènement, ou bien trouver des gens pour partager le taxi, des sorties culturelles, des dîners ou des navettes pour l'aéroport.

Parfois, les personnes qui organisent des conférences n'ont pas mis en place d'hashtag pour l'évènement. Vous devriez saisir cette opportunité et en créer un.

- Créer un hashtag base sur un acronyme. Pour Advertising Week Los Angeles en 2014 (la semaine de la publicité de Los Angeles), essayez #AdWeekLA14. Les organisateurs peuvent utiliser des hashtags pour les villes et les années, comme AdWeekLA13, AdWeekUK13, AdWeekLA14, etc.
- Veillez à ce que l'hashtag ait de la gueule en minuscule (et ait du sens). #adweekla14 c'est bien. #PenIsland serait regrettable.
- Vérifier si quelqu'un d'autre l'utilise. Parfois l'hashtag était utilisé il y a un an mais ne l'est plus, ça passe. Vous ne voulez pas d'un hashtag que quelqu'un d'autre utilise en même temps que vous.
- Quand vous avez trouvé un bon hashtag, envoyez un email aux organisateurs pour le leur suggérer. Demandez-leur de l'inclure dans leur site et dans leurs emails.
- Commencez à l'utiliser. Publiez trois ou quatre tweets sur la conférence, comme par exemple #UKFOLS13 (Family Office Leadership Summit à Londres, 2013).
- Parce que vous l'avez inventé, ce hashtag est à vous. Postez avant, pendant et après l'évènement.

Stratégie pour un projet Twitter

Voici plusieurs étapes pour gérer Twitter pour une entreprise :

- Trouvez cinq concurrents de taille et de marché similaires. Les entreprises ne doivent être ni trop grandes ni trop petites. Elles doivent être globalement dans le même marché et dans le même pays que votre entreprise. Jetez également un œil aux entreprises américaines, elles ont souvent des comptes Twitter bien gérés. Abonnez-vous aux comptes de ces entreprises. Passez ces comptes en revue. Qu'est-ce que l'on y trouve de bien ? Qu'est qui y est mal fait ? Quelles idées pouvez-vous emprunter ? Rédigez un résumé d'une ou deux pages pour chaque compte. Mettez ce document à jour tous les trimestres. (Astuce : Afin que vos concurrents ne sachent pas que vous les suivez, créez un compte Twitter supplémentaire et servez-vous en pour les suivre).

- Faites une recherche de mots-clés pour trouver les mots-clés principaux et les hashtags pour l'entreprise et ses produits. Créez une liste et partagez-là avec votre équipe.

- Configurez des outils de gestion pour Twitter (Hootsuite et TweetDeck). Utilisez-les pour suivre la concurrence et leurs mots-clés principaux. Programmez également les publications sur le compte. Si vous avez une équipe, incluez-les de sorte à ce que les brouillons de leurs tweets vous soient soumis pour approbation.

- Configurez Google Analytics (ou n'importe quel autre outil d'analyse que votre entreprise utilise) pour suivre le trafic sur Twitter.

- Faites des suggestions écrites pour améliorer le compte Twitter

- Prévoyez et configurez un calendrier des évènements, des sorties de produits, etc, avec les vacances, les évènements en entreprises et les autres évènements publics. Utilisez le calendrier pour planifier vos publications sur douze mois. Partagez-le avec votre équipe.

- Publiez des tweets contenant des mots-clés, des photos, des vidéos, des tweets épinglés, des sondages, des tweets d'affilée, des moments, etc

- Invitez votre audience à participer. Posez des questions ouvertes. Répondez à des commentaires de votre audience.

- Publiez sur les comptes de vos concurrents de façon à ce que leurs abonnés sachent que votre entreprise existe

- Trouvez les personnes les plus importantes dans votre marché. Suivez-les. Répondez à leurs publications.

- Poussez les gens de votre entreprise à s'inscrire sur Twitter. Mettez en place des formations pour qu'ils commencent à s'en servir.

- Tous les mois, rédigez un rapport d'une page sur les activités, les résultats, et les données.

D'autres idées d'utilisation de Twitter

Voici un autre exemple. Groupon (un site de bons de réduction en ligne) a demandé à ses abonnés « Pour quel restaurant aimeriez-vous obtenir des bons de réduction ? » Beaucoup ont répondu avec des suggestions de restaurants (et d'autres sortes d'entreprises). Cela a permis à Groupon de montrer aux restaurants qu'il y avait une réelle demande pour des bons de réduction. Cela a mené à l'engagement le plus conséquent de l'histoire de Groupon. L'idée est simple: demandez juste à vos clients ce qu'ils veulent.

Vous avez vu des façons géniales d'utiliser Twitter ? Vous avez vous-même trouvé des idées brillantes ? Vous avez utilisé Twitter pour vos produits, votre entreprise, votre école, votre église, etc ? Faites-moi parvenir un résumé d'une ou deux pages et je le posterai sur la page web de ce livre.

Pour terminer : alors pourquoi utiliser Twitter?

Maintenant vous savez en quoi consiste Twitter. Les gens l'utilisent pour différentes raisons :

- Diffuser : Les célébrités, les stars de cinéma, les athlètes, les musiciens, les artistes, les personnes influentes dans les affaires, les politiciens et les marketeurs utilisent Twitter pour diffuser à leurs abonnés. Ils ont accès à eux gratuitement.

- Discuter : Tous les autres utilisent Twitter pour parler entre eux. Les journalistes l'utilisent pour avoir l'avis de personnes et faire leurs recherches pour de nouveaux articles. Les gens parlent avec d'autres personnes liées à leur travail, leurs centres d'intérêt, et leurs loisirs. Ils trouvent du boulot ou effectuent des recherches avant d'acheter un nouveau produit. Les commissariats de police communiquent avec leurs villes. Les ados discutent entre eux. Utilisez les hashtags pour trouver ces conversations.

Sur Twitter, tous les tweets peuvent être vus par tout le monde. Vous pouvez voir ce que quiconque a à dire. Vous avez la possibilité de suivre n'importe quel sujet. Vous pouvez contacter qui vous voulez. Vous pouvez les suivre, leur envoyer des messages et leur parler. Twitter est facile à utiliser : c'est du micro-blogging sur appareils mobiles.

Andreas Ramos
Palo Alto, Californie
Juin 2019

Ressources

Vos idées, vos suggestions et modifications

Y a-t'il quelque chose que je devrais ajouter ? Connaissez-vous une utilisation de Twitter qui soit brillante ou intéressante ? Dîtes-le moi. Envoyez-moi un mail.

Ma newsletter

Inscrivez-vous à ma newsletter afin que je puisse vous prévenir lorsqu'il y aura une version mise à jour ou de nouveaux livres. Allez sur https://eepurl.com/wC-C1 pour vous inscrire. Et si vous éprouvez des difficultés à suivre ma newsletter en anglais, contactez mon représentant français pour ce sujet: envoyez un tweet à Philippe Antunes (@antunes_philipp)

Page web de ce livre

La page de ce livre est andreas.com/book-twitterbook.html

Contacter Andreas

Des questions ? N'hésitez pas à les poser.

- Website : andreas.com
- Twitter : @andreas_ramos
- Ce livre andreas.com/book-twitterbook.html

Articles, recherches, et sources

Les liens de ces articles et de ces recherches sont disponibles sur la page web de ce livre.

- *Adapting Social Spam Infrastructure for Political Censorship* de Kurt Thomas, Chris Grier, et Vern Paxson. Détails sur l'attaque spam lors des élections parlementaires russes. Proceedings of the USENIX Workshop on Large-Scale Exploits and Emergent Threats (LEET). http://bit.ly/1agENDU

- *Hatching Twitter: A True Story of Money, Power, Friendship, and Betrayal* by Nick Bolton (Portfolio Hardcover, November, 2013). La création de Twitter vue de l'intérieur. Couteaux dans le dos, mensonges, et trahison. Lisez un extrait en suivant le lien suivant http://nyti.ms/15kLBlr

- *Intrinsic versus Image-Related Motivations in Social Media* par Prof. Olivier Toubia, Columbia Business School, et Prof. Andrew Stephen, University of Pittsburgh (PDF). Comment les gens se comportent-ils sur Twitter ? Les chercheurs ont sélectionné 2 500 utilisateurs au hasard et leur ont ajouté 100 faux abonnés pour voir l'impact que cela avait. Quand les gens n'ont que quelques abonnés, leurs publications sont généralement personnelles. Au fur et à mesure que le nombre d'abonnés augmente, les personnes ont publié plus souvent mais ont également diffusé. Les publications deviennent moins personnelles. Quand ils ont atteint un certain nombre d'abonnés, ils finissent étrangement par moins publier. Les chercheurs pensent qu'il y a deux raisons d'utiliser les réseaux : une *intrinsèque* (les chercheurs entendent par là "juste comme ça ») et *l'image* (ce qui veut dire pour « gonfler son statut »). Pour parler clairement : les gens publient soient pour se marrer (« Wouhouuu ! C'est la teuf ! ») soit pour se la péter : (« Diner au Four Seasons! »).

- *Kan Facebook og Twitter redde 'foråret'?* ("Twitter et Facebook peuvent-ils sauver le printemps arabe ?") par Bjørn Bredal (Politiken, Sept. 16, 2013, en danois. Malheureusement, l'article n'est plus en ligne).

- *Linked: The New Science of Networks* par Albert-Laszlo Barabasi (Plume, 2003). La théorie des réseaux montre que les réseaux (les réseaux sociaux, les sites web, la chaine alimentaire en biologie, les entreprises et les commerces, la croissance des villes, les protéines intra-cellulaires, etc) ont les mêmes propriétés, ce qui veut dire qu'elles peuvent-être quantifiées et décrites grâce aux lois mathématiques. Un résumé du livre est disponible sur andreas.com/faq-barabasi.html

- *Trial by Twitter* par Ariel Levy (*The New Yorker*, August 5, 2013). Cet article m'a fait prendre conscience que des gens qui ne font pas de marketing utilisent Twitter de façon innovante. http://nyr.kr/13jrH64

- *Teens, Social Media, and Privacy* par Mary Madden et al (May 21, 2013). Recherche par The Pew Research Center pour le Pew Internet & American Life Project. Ils étudient comment les gens se servent d'internet et du web. Ce document s'intéresse à comment les ados utilisent les réseaux sociaux. http://bit.ly/191zI4W

Si vous trouvez des recherches intéressantes sur Twitter, dites-le moi.

D'autres livres écrits par Andreas

Trouvez encore plus de choses utiles dans mes autres livres. Allez sur andreas.com/books.html

Glossaire

- **@mention :** Une @mention est un tweet qui inclut un @ à l'intérieur du tweet, comme « Déjeuner demain avec @laura à Palo Alto. » Tout le monde sur Twitter peut voir votre tweet. Voir également *@reply*.

- **@réponse :** Une @réponse est un tweet qui commence avec un @, comme « @Laura, on déjeune ? » Vos abonnés et ceux de la personne peuvent voir le tweet, mais pas le reste du monde. Voir également *@mention*.

- **40404 :** Le code SMS de Twitter aux États-Unis et dans beaucoup d'autres pays. Envoyez un SMS au 40404 et il sera partagé en tant que tweet. Vous devez avoir votre compte Twitter sur votre portable. Obtenez une liste des codes courts par pays sur support.twitter.com/articles/20170024.

- **Message Privé (MP) :** En commençant un tweet par MP et l'identifiant d'une personne, vous pouvez lui envoyer un (MP). Par exemple, « MP @Laura, peut-on déplacer le déjeuner à mardi ? ». Laura sera la seule à voir le message. Pour pouvoir lui envoyer un message, il faut qu'elle vous suive. Elle peut également modifier ses paramètres de sorte à ce que tout le monde puisse la contacter.

- **Followers (Abonnés) :** Les gens qui s'abonnent à vos tweets. Ils ne comptent pas vraiment car la plupart ne les verront même pas. Ce sont les hashtags les plus importants.

- **Hashtags :** Mettez un dièse (#) devant un mot pour en faire quelque chose de spécial, comme pour le souligner ou le mettre en gras. Les gens utilisent les hashtags pour pouvoir suivre les tweets sur un sujet. Cela transforme les tweets en une conversation. Par exemple #Apple est l'hashtag pour les ordinateurs Apple. Donc lorsque les gens veulent en savoir plus sur Apple, ils recherchent #Apple. Lisez le chapitre sur les hashtags pour en savoir plus sur les outils pour suivre et découvrir les hashtags.

- **Graphique d'intérêt :** Twitter collecte des données sur votre activité : Comment vous vous décrivez sur votre profil (mots-clés, lieu, etc), qui vous suivez et qui vous suit, sur quoi vous cliquez, ce que vous cherchez, etc. Cela sert à construire votre graphique d'intérêt, une image de ce que vous faites. Les publicitaires peuvent utiliser cela pour choisir leurs audiences. Voir également le *social graph* sur Facebook (la carte des connections sociales) et le *Knowledge Graph* sur Google (la carte des connaissances).

- **Réseaux sociaux :** Les réseaux sociaux tels que Twitter et Facebook permettent de communiquer en groupe, de partager, d'éditer, de stocker, etc. Un jour, quelqu'un parviendra à créer un réseau social encore plus performant.

- **Marionnettes :** Certaines personnes utilisent de faux comptes soit pour acclamer leurs propres dires (« Mais c'est une idée géniale ! », ou s'attaquer. Comme si il parlaient à une marionette. Ils utilisent également de faux comptes pour attaquer les autres pour que l'on croient qu'ils ont beaucoup d'ennemis. Dans certains cas, on parle de milliers de faux comptes. (Voir également *Comptes Sybil*).

- **Comptes Sybil :** Une autre définition du terme précédent. Il s'agit de faux comptes. Ils sont nommés ainsi en lien avec un cas psychiatrique célèbre, une personne avec de multiples personnalités. Voir aussi *marionnettes*.

- **Réseaux Sybil :** Quand des centaines de faux comptes sont associés les uns aux autres pour sembler être un groupe. Voir également *Comptes Sybil* et *marionnettes*.

Idées

Idées